楕円球と地球
ラグビーがあるということ
Rugby Ball and The Earth

出村謙知 写真・文
Kenji Demura

実業之日本社

まえがき

　　北海道バーバリアンズの素晴らしいグラウンドができるまでは、ほぼ
"楕円球不毛の土地"と言ってよかった札幌市南区。

　　地球温暖化が囁かれ始める前はゴールデンウィークまで根雪が残りグ
ランドが使えない――そんな地域で10代までのほぼ全ての時間を過ご
した自分にとって、ラグビーという競技は神秘に包まれた存在だった。

　　最初の記憶として残っているのは、たぶん1970年代後半。

　　新・三種の神器だったはずのブラウン管画面から映し出された、横縞
ジャージばかりの大学チームが放つ愚鈍さと繊細さがミックスされた純
度が高い熱量のぶつかり合いに、小学生ながら（だからかもしれない）魂
が揺さぶられるような感覚を抱いた気がする。

　　それ以上に衝撃だったのが、海外からの映像だった。

　　もちろん、スポーツ専門チャンネルどころか、衛星放送すらない時代。
それでも幸いなことに、日本が誇る地上波の公共放送が、世界最古のチャ
ンピオンシップを放映してくれていた。

　　『三菱ダイヤモンド・サッカー』に関しては、多くのオールド蹴球ファ
ンがその伝説を語っている気がするが、同世代のラグビーファンの中に
は、あの5カ国対抗の地上波ディレイ放映に感化された人たちが結構い
ると思う。

　　深緑色のトゥイッケナム――まるでウィンブルドンのセンターコートの
ような荘厳さが映像から伝わってきた、旧"聖地"上で繰り広げられる、
日本の大学ラグビーとは異なる肉弾戦。

　　スポーツ観戦好きだった父親の影響で、物心ついた頃から少なくとも
テレビ放映があるものに関してはありとあらゆる競技を見ていた少年に
とっても、冬の休日の午後に流れてくる、醜悪さを緑色のベールで優美
に包み込んだかのような荘厳な映像は、それをスポーツと呼んでいいの
かわからないくらい、他とは全く比較ができないほど異質なものだった。

不思議なもので、手が届かない神秘的なものと感じていた少年時代から40年。プレー経験としては、強面大学のラグビー部出身だった高校時代の野球部顧問が、長い冬季練習のメインメニューとして取り入れていた雪上ラグビー程度にとどまったものの、20代を目前にして雪国を離れてからは、自分の体内にとどまり続ける神秘的なものの実像に迫るチャンスには随分恵まれてきたと思う。

　進学したのは、横縞のジャージの中でも最も潔い感じに見えた、生涯監督？のいた大学。雪の早明戦は現役の当該大学生として堪能した。

　国内で"史上最強（＝当時）"オールブラックスや、宿沢ジャパンの奇跡を目の当たりしながら、ほとんど24時間体制で編集作業と格闘した"修行時代"を経て、20代後半にして5カ国対抗開催都市に赴任する幸運まで転がり込んだ。

　パリに住み始めて、まだ3ヶ月は経っていなかったと思う。生涯一度だけのダフ屋さん利用で入れた（すみません。時効ってことで）フランス—スコットランド戦こそが、海外で"神秘"に肉薄した最初の経験だった。

　それから早いもので、すでに四半世紀以上の時が過ぎた。気がついたら、仕事としてラグビーを撮る立場になり、楕円球を追いかけてファインダーを覗いた国の数も30はくだらないはず。W杯だって、1995年以来、撮り続けている。

　よくも飽きもせずに。本当だよ。

　たぶん、どんなに撮り続けても、自分の中の神秘は生き続けているから、まだ撮っているんだと思う。いや、むしろ神秘の深さは広がるばかり。

　とてもとても、ベールをはがすには程遠い。それでも、ここからの百数十ページで各国ごとに異なる神秘の一端でも感じてもらえたなら、楕円球ワールドにこだわってきた人間冥利に尽きる——心からそう思います。

content

Kick Off Image（日本／秩父宮） ··· **4**

はじめに ·· **6**

第 **1** 章

サウスパシフィック
魅惑のラグビー天国

フィジー　ラグビーマジシャンの島 ·· **14**

サモア　秘境ではぐくまれ続ける楕円球愛 ······················· **22**

トンガ ·· **30**

Pick up　各国のウォークライ ··· **30**

第2章

世界最強!
南半球ラグビーチャンプス

ニュージーランド　オールブラックスが神である場所 ………… **32**

オーストラリア　スポーツ大国、ラグビー人気の現実 ………… **40**

南アフリカ　虹色に変化を遂げるラグビー大国 ………………… **48**

アルゼンチン …………………………………………………… **56**

第3章

知られざる狂熱
亜細亜楕円球熱帯ゾーン

香港　狂乱のセブンズヘブン ………………………………… **58**

スリランカ　アジアの中の隠れたラグビー熱国 ……………… **62**

ドバイ　砂漠の中の治外法権セブンズ………………………… **66**

アジアラグビー最前列激写集 ………………………………… **70**

Pick up アジアラグビー主催の二大イベント ………………… **74**

第4章

神秘の伝統主義
欧州シックスネイションズ

- **イングランド** プロ化により"母国"の開放は続く……………… 76
- **フランス** 世界一のプロリーグとSud Ouestの深き源流……… 84
- **ウェールズ** 北半球一のラグビー偏愛エリア………………… 92
- **Pick up** 6カ国対抗とザ・ラグビー・チャンピオンシップ……… 99
- **スコットランド** イングランドではないGBの良心…………… 100
- **アイルランド** 最強グリーン集団を導く"大国"の現実……… 104
- **イタリア** カルチョの国のラグビー熱は…………………… 108

第5章
独自の楕円文化熟成
裏ヨーロピアンツアー

- 🇬🇪 **ジョージア**　ナショナルIDとしてのラグビー熱 ･････････････ **114**
- 🇷🇺 **ロシア**　2013年7人制W杯のリベンジは… ･･････････････ **118**
- 🇪🇸 **スペイン**　知られざるラテン系楕円球熱 ････････････････ **122**
- 🇷🇴 **ルーマニア**　日本行切符失った東欧の古豪 ･･･････････ **126**
- **Pick up**　2019年W杯出場のアフリカ＆南米の雄＝
  ナミビア、ウルグアイ ･････････････････････････････････ **130**

第6章
プロスポーツ本家のラグビー 北米最新事情

- **アメリカ合衆国**　ラグビーイメージを覆すコマーシャリズム … **132**
- **カナダ**　遅ればせながらプロ化進行中 …………………… **136**

Final Whistle Image（日本／花園）……………………………… **140**
あとがき ……………………………………………………………… **144**

ブックデザイン・DTP　　北路社（内藤富美子・梅里珠美）

第 1 章
サウスパシフィック
魅惑のラグビー天国

フィジー
サモア
トンガ

ナンディにあるセント・メリーズ・スクールでラグビーのゴールポストに向けてキックの練習をする学生

Fiji
ラグビーマジシャンの島

第1章　サウスパシフィック　魅惑のラグビー天国

素足の草ラグビー溢れる
楕円球パラダイス

　楕円球を愛する人にとって、この島は間違いなく天国。そして、ひょっとしたら、ある種の地獄でもあるのかもしれない。

「もう、そこいらじゅうにラグビーが転がっているんで」

　フィジー代表が来日した時にはチームリエゾンとして活躍し、「日本でIさんのことを知らないフィジー人がいたらモグリ？」との問いにもドヤ顔で「そうですね」と答える自称名誉島民クラスのフィジー通であるIデザイナーは、この楕円球パラダイスの魅力をそんなふうに語る。

　本当にそう。

　毎年フィジーを訪れるというIさんみたいにハマっちゃう気持ちはよくわかる。

　一般的にはタクシー移動しかない（バスも一応あるがいつ来るかわからないし、荷物を置く場所に困る。あと、レンタカーは幹線道路でさえ路面に大きな穴が空いていたりするのでハードルが高い）フィジーの玄関口であるナンディ国際空港に着いて、ダウンタウンや、テストマッチが行われる港湾都市のラウトカへ向けて車に揺られている間にも、日中であれば普通に両サイドの空き地で行われている草ラグビーに遭遇できる。

　ビーチサンダルやスニーカー組もいるが、基本はみんな裸足。

　みんながみんなワイサレ・セレヴィ[※1]って訳じゃないが、フィジーでもよくノックオンしていた元日本代表主将よりもハンドリングは上手かなぁ。片手でボールを鷲掴みしてヒョイってパス。

「ナンディ・インターナショナル・スクール」グラウンドでタッチラグビーを楽しむ学生たち。
日本代表の練習が体育の授業と重なる珍事もあった

※1 ワイサレ・セレヴィ…1980〜1990年代に活躍したフィジー出身の伝説のプレーヤー。日本の三菱自動車工業京都でもプレーしたが、数々の7人制世界大会で活躍し、「セブンズの王様」と称される。

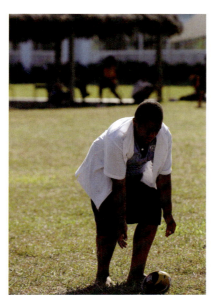

もちろんラグビーを楽しむ女性も多い。女子7人制代表チームも急成長中だ

フィジー代表

"フィジアンマジック"と称されるボールをつなぎまくるランニングラグビーで世界を魅了する。スクラムなどFW戦を苦手にしていた歴史もあるが、現在はFWプレーも強化され15人制の世界ランキングは9位（2019年6月現在）。リオ五輪で金メダルを獲得するなど（男子）、7人制においては常に世界トップの実力を誇る。

そして、青年男子の走りは、たくましい腰がとても高い位置にあって、しかも股関節の動きがしなやかで速い。身長172cmながら50mを5秒台で走ったことのある日本人カメラマンが即座に「かなわない」と思ってしまうレベルだ。

P14の写真はナンディのセント・メリーズ・スクールでのゴールキック練習風景。もちろん、体育プログラムの中心はラグビー。キックすごく飛びそうだよね？

そんなに多くないだろうフィジーでの娯楽のうち、本当に心から楽しいと思えるのが、そんな草ラグビー観戦。

"フィジアンマジック"と称されるフィジー代表の奔放なラグビースタイルの源泉がこの草ラグビーに溢れていることが十分に感じられるし、ホントに飽きない。

2009年6月にラウトカで行われたフィジー－日本戦に集まってきていた少年たち

第1章　｜　サウスパシフィック　魅惑のラグビー天国

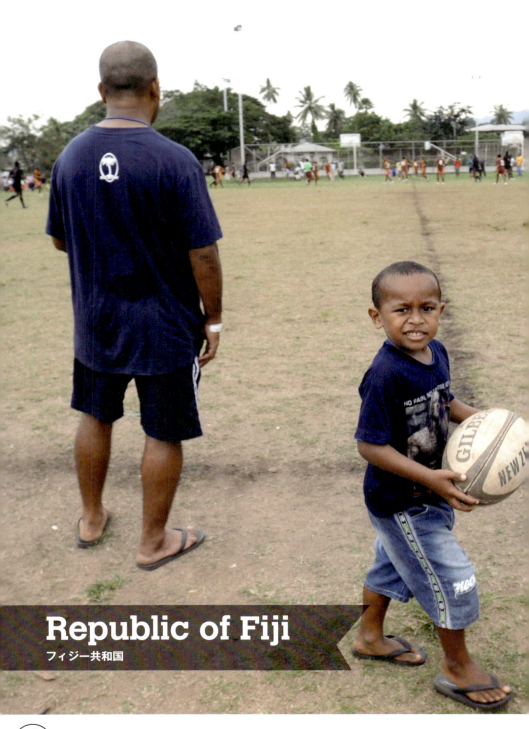

Republic of Fiji
フィジー共和国

ラウトカにあるチャーチル・パークを闊歩する少年。子供の頃から常に楕円球を手にする環境が"フィジアンマジック"を生み出す

第1章 | サウスパシフィック 魅惑のラグビー天国

ジャパンも鍛えられた過酷な環境で"フィジアンマジック"は生まれる

　そんな楕円球パラダイスを初めて訪れたのは、2007年のこと。

　1990年代からパリベースで仕事をしていたこともあり、欧州からだと日本からよりも遥かに遠い南太平洋にはなかなか行く機会に恵まれなかった。

　それでも、07年以降は、ほとんど毎年のようにフィジーを訪れることになるのだが、訪問理由は基本的にはジャパン取材。

　2007〜11年にジョン・カーワンHCが率いたJKジャパン期。ティア1(※2)組とのテストマッチを定期的に組んでもらえる時代ではなかったので、毎夏訪れたフィジーやサモアでのPNC(パシフィック・ネイションズ・カップ＝フィジー、サモア、トンガなどと対戦)こそが、当時の日本代表にとって最も強度の高いテストマッチだった。

　ちなみに、2007年W杯以降ではJKジャパン時代の唯一のティア1国とのW杯以外でのテストマッチとなった2011年8月のイタリア戦が決まった時点で、PR畠山健介は「すでに緊張している」。それぐらい、欧州6カ国対抗の強豪国との対戦は少なかったし、テストマッチを戦う環境としてはかなり過酷なパシフィック・アイランドでひたすら鍛えていたのが当時の日本代表だった。

　P16の写真は、「ナンディ・インターナショナル・スクール」で、実はここがナンディでのジャパンの練習グラウンド。

　見ての通り、クラブハウス的なものはなく、唯一10m四方くらいのコンクリートで固められた踊り場のようなスペースがあってチームも取材陣もそこに荷物を置いて"拠点"にしていた。

　2017年に行った時に気が付いたのが、元々あったはずの雨だけはしのげた屋根がなくなっていること。フィジーに大きな被害をもたらしたサイクロンで吹き飛ばされたまま修理されていなかったため、激しい雨が降っても逃げられない環境での練習を余儀なくされることに。もちろん取材陣の避難場所もない。

　コアなラグビーファンの中には、2013年6月に"ザワ"ことWTB小野澤宏時が当時の日本代表最多キャップ記録を更新した時の嵐の中の試合映像を覚えている人がい

※2 ティア1…南半球のザ・ラグビー・チャンピオンシップ組(ニュージーランド、豪州、南アフリカ、アルゼンチン)と、欧州6カ国対抗組(イングランド、ウェールズ、スコットランド、アイルランド、フランス、イタリア)を基本とする強豪国の総称。

Fiji

Column

スタジアム事情

フィジーで行われるテストマッチはヴィティ・レヴ島東部にある首都スヴァか同西部の港湾都市ラウトカので行われることが多い。

日本代表は過去に10回、フィジーでテストマッチを戦っているが、スヴァ、ラウトカ以外での試合は2009年のPNC時にナンディから南に約70kmのリゾート地シンガトカ（Lawaqa Park）でサモア代表と戦った一戦のみ。

ナンディから車で1時間ほどのラウトカ・チャーチル・パーク（Churchill Park）周辺では広い敷地内でテストマッチ以外にも複数のアマチュアラグビーが行われ、出店も溢れているので、フェスティバルの雰囲気も楽しめておすすめだ。スヴァでの試合はナショナル・スタジアム（現在はANZ Stadium）で行われる。

試合の日のラウトカ・チャーチルパーク周辺ではいろんな出店が楽しめる

るかもしれない。

ナンディから東に約25kmのフィジー第二の都市ラウトカで行われたその一戦は個人的にも人生で指折り数えるほど激しい雨の中での撮影となった。

そんな例を持ち出すまでもなく、地域柄スコールのような激しい雨が降ることはたまにあるわけで、でも練習グラウンドに雨をしのげる場所はなし。そして、泥々になった土の上を避けたいのは人間だけではないらしく、コンクリ上の荷物にはいろんな虫が多数……、もちろん。晴れたら晴れたで灼熱なわけで……。

ジャパンと一緒に取材陣も、世界で戦うにはタフになる必要があるというのを、身をもって体験できるのがフィジー。

まあ、取材陣と言っても、大抵はひとりだったんだけど……。

フィジー共和国
Republic of Fiji

南太平洋にある人口約90万人からなる島国。国旗の左上にユニオンジャックが描かれ、英連邦を形成する。

100に上ると言われる無人島を含め、800を超える大小の島々からなるが、首都スヴァやナンディ、ラウトカなどの都市を含むヴィティ・レヴ島に人口の約7割が集中。第2の島ヴァヌア・レヴ島に国民の15%が住む。

19世紀後半からの英国の直接統治時代に移り住んだインド系住民が人口の約4割を占める一方、地理的に近いニュージーランドや豪州からのツーリストが多い。両国にはフィジー移民も多く、オールブラックス（NZ代表）やワラビーズ（豪州代表）の一員として多くのフィジアンがプレーしてきた。

第1章　サウスパシフィック　魅惑のラグビー天国

Samoa
秘境ではぐくまれ続ける楕円球愛

アピアのセント・ジョゼフズ・カレッジで休み時間にラグビーを楽しむ学生。サモアでもスポーツといえば基本ラグビー

"大国"フィジーに張り合わず
変わらぬ自分たちらしさを貫く

　南太平洋地域におけるラグビーW杯出場国はフィジー、サモア、トンガの3カ国。

　これは歴史を紐解いてもそうだし、2019年日本大会も結局は同じにさやに収まった（サモアはプレーオフ予選を経て出場決定）。

　ということで、何かと同イメージで見られがちな3カ国だが、実際に現地に行ってみると、それぞれの実情はかなり違う。

　どこが？　って、一番感じるのはこの地域においてフィジーは大国なんだなってこと。

　スヴァやラウトカは日常生活には苦労しない都会だし、ナンディをはじめとするリゾート地もツーリストが最低限の注意さえ払えば快適に過ごせるくらいには洗練されている（でも、いわゆる高級リゾート的なところには行っていないので、本当のところはわからないです）。

　まだトンガに行く機会には恵まれていないので、あくまでもサモアとの比較でということなんだけど。

　2010年6月、フィジー編でも触れたPNC（パシフィック・ネイションズ・カップ）取材のため、約2週間、サモアの首都アピアに滞在。

　この時、一番気をつけなきゃいけなかったのは……犬（苦笑）。

　フィジーのナンディあたりでも野犬は見かけるが、その数としつこさでは、アピアの犬たちが圧倒的に上。

　もちろん、"野犬注意"の首都なんて世界

セント・ジョゼフズ・カレッジの学生たち。中には、隠し持っていたナイフをチラッと見せる輩もいたが、犬の方が全然危険だった!?

フィジーやサモアなどでよく見かけるのがラグビーとサッカー共有のゴールポスト。丸いボールを蹴っているのは少数派だが

サモア代表

第2回W杯（1991年）でウェールズを破り8強入りして世界を驚かせて以降、フィジカル面では常に世界トップクラスという評価を受ける。国内で活躍の場がないため、なかなかベストメンバーを招集できないのが悩み。NZ、豪州への移民も多く、両国代表選になるサモア系選手も逆に海外生まれながらサモア代表になるケースもある。

中、他にいくつもあるけど、その国の観光産業としてはあまり喜ばしい状態ではないのは確か、だよね？

　この年のPNCはアピアが主開催地となり、日本代表もフィジー戦を敵地ラウトカで戦った後にサモア入り。

　15年にオールブラックスがやってきたことで話題となった国立競技場の位置付けにあるアピア・パークで対トンガ、対サモアの2試合を戦った。

　アピア・パークは同市中心部から2キロほど離れた場所にあり、自分自身は中心部に近いジャパンの宿舎と競技場の中間にある安宿に滞在。

　競技場にも、ジャパンの宿舎にも歩いていける好立地のはずだったが、アピア・パークまでの徒歩15分ほどの道のりは、想像していたのよりかなり大変なものに。

　それでも、犬の襲撃をかわしながらたどり着いたアピア・パークでジャパンはサモア、トンガに連勝。

　1999年以来勝っていなかったサモアに敵地で勝利を収めたことで、JKジャパンが厳しい条件の中でも結果を出していけるチームに成長していることを実感できるアピア滞在になった。

　ちなみに、格式が高いジャパンの宿舎に比べて、たぶん3分の1くらいの値段で泊まれた我が宿に関して、沢木耕太郎著『深夜特急』が愛読書だという、ラグビー選手としてはやや珍しい感性の持ち主かもしれない当時の日本代表WTBは、オフの時間を利用して覗きに来た上で「1人部屋にしてもらえるんだったら、こっちの方がいい」と言ってました。

マヌヌの森の中で、もらったばかりのラグビーボールを大切そうに抱える少年

元日本代表CTBの故郷で
マヌーサモアの源泉に触れる

　2007年以降フィジーには毎年のように行っているのに、サモアに行ったのは08年と10年の2度だけ。

　フィジーも行くたびに変わっているし、サモアも……って、きっとこちらはあまり変わってないだろうなという気が……。

　フィジーには成田からの直行便が復活したし、日本からの語学研修も定着。

　そもそも、日本人渡航者の数だけ取っても、年間2万人を超えていたフィジーに対して、サモアは千人に満たないのが普通。ツーリストのために、犬問題（本当は犬好きです）の解決に踏み切ったという話も聞かないし、基本的には当時のままかな、と。

　当時の感覚でも、街においても秘境感はサモアの方があったし、実際にサモアの中でも秘境と呼んで差し支えないだろう場所にも行った。

　その当時の日本代表には、CTBのアリシ・トゥプアイレイというサモア出身の選手がいて、アリシの生まれ故郷であるマヌヌという山あいの村落をチーム全員で訪れた際に同行できたのだ。

　その時撮ったのがP26〜28に掲載されている写真。

　よく見ると、子供たちが持っているボールは桜のエンブレム入り。

　長老が豚の丸焼きを持ってきてくれたり、この時は村をあげて歓迎をしてくれたのだが、感謝の印としてジャパン側から子供たちにプレゼントされたもの。

　もちろん、子供たちは真新しいボールを奪い合うようにすぐにプレーを始め、レンズを向けても誇らしげに、これ以上ないという感じの表情を見せてくれた……。

Samoa

Column

スタジアム（アピア・パーク）事情

　本文でも触れた通り、ほぼ全てのサモアでのテストマッチが行われるアピア・パークは首都である同市中心部から2キロほどの位置にあるが、基本的にはタクシー等で行くのが無難。2015年7月には史上初めてオールブラックスを迎えてのテストマッチが行われ、話題となった他、2017年6月にはスーパーラグビーのブルーズ-レッズ戦も行われた。

　同競技場での日本代表の成績はマヌーサモアと呼ばれるサモア代表戦が1勝2敗（○=2010、●=2000、2008）、トンガ代表戦が1勝（2010）。

こんな熱狂的なファンももちろんいます。パンツがオールブラックスのだというのはご愛嬌

サモア／秘境で育まれ続ける楕円球愛

　正直言えば、世界のラグビー文化を紹介する本で、1番目がフィジーで2番目がサモアってどうなんだろうと、悩みに悩んだのは事実。

　SANZAR（南アフリカ、ニュージーランド、豪州）やイングランドやウェールズやフランスといった欧州6カ国対抗組から始めるのが普通なんだろうけど、でも、インターネット時代になってもなかなか情報が入って来ない場所にも楕円球を愛する人たちがたくさん存在するということを伝えるという意味では象徴的なページになると考えて、思い切ってフィジー、サモア編から本書をスタートさせました。

　島の人たち、スタッフも含めた当時のジャパンのみんなの優しさ、そして何より、楕円球と共にかけがえのない一瞬を共有してくれた島の子供たちに感謝しつつ。

サモア独立国
Independent State of Samoa

　フィジー同様、サモアも英連邦に加盟。13個の有人島からなるサモア諸島のうち、西経171度線よりも西側に位置する島が同国に所属。同線よりも東側はアメリカ領サモアとなる。首都アピアのあるウポル島と隣接するサバイイ島に人口（約18万人）の約7割が集中する。地理的にはニュージーランドの北約2,300km、米ハワイ州の南約3,700kmの位置にあり、日付変更線の西側に隣接し、地球上で一番早く1日を迎える場所でもある。

　パシフィック・ネイションズとしてラグビー強国を形成するフィジーからは東に約800km、トンガからは北に約600kmという位置関係にある。

第1章　サウスパシフィック　魅惑のラグビー天国　29

Tonga
トンガ

ABにもジャパンにもトンガ出身選手多数

"Ikale Tahi (Sea Eagles)" との愛称を持つトンガ代表は、予選で日本に敗れた第2回を除き、第1回大会からコンスタントにW杯出場を果たしている。

人口約10万の小国ということもあり、地理的に近いニュージーランドに移住してオールブラックスになる選手、あるいは逆にニュージーランド生まれながらトンガ代表になる選手ともに、多数の例あり。

一方、1980年代に始まった"そろばん留学"などをきっかけに、日本でも多数のトンガ人選手がプレー。多くのトンガ生まれの日本代表選手が誕生し続けている。

前述した第2回W杯予選を皮切りに、日本とは計17回のテストマッチを戦い、9勝8敗。海外でプレーする選手が多く、W杯になると欧州組やスーパーラグビー組が参加して、普段のテストマッチとは違う顔ぶれになることが多い。

W杯になるとガラリとメンバーが変わることも多いトンガ代表

Pick up　ハカだけじゃない！　各国のウォークライ

ニュージーランドの"ハカ"があまりにも有名だが、試合の前に"ウォークライ"を踊るのはニュージーランドだけではない。

ここまで紹介してきた南太平洋の3カ国はいずれも独自のウォークライを持っていて、ラグビーのテストマッチの前には必ず披露される。フィジーが"シビ"、サモアが"シヴァ・タウ"トンガが"シピ・タウ"。

パシフィック・ネイションズカップ時などお互いが対戦する場合、どちらかが最初に始めた後、他方が途中でリンクしたりしながら、一段と盛り上がったりもする。

尚、アジア協会（アジアラグビー）に加盟しているグアム代表にも、独自のウォークライがある（写真）。

第2章
世界最強！
南半球ラグビーチャンプス

ニュージーランド
オーストラリア
南アフリカ
アルゼンチン

2011年W杯決勝戦直前、会場のイーデン・パーク入りするオールブラックスを鼓舞する地元ファン（オークランド）

New Zealand
オールブラックスが神である場所

第2章 世界最強！南半球ラグビーチャンプス

ラグビーだけは譲らない
親切なキーウィたちの島

　治安のいい国ランキングで上位に入ることが多いニュージーランド。

　親が安心して子供を送り出せる語学研修の行き先としても人気だし、他の英連邦加盟国と比較しても、本当に親切で控えめな人が多いと思う。

　でも、ラグビーだけは違う。

　黒いジャージをまとった無敵軍団のことになると、全く控えめじゃなくなる。

　そう断言しても、当のキーウィたち（ニュージーランド人たちのことを、彼の国の国鳥キーウィからそう呼ぶ）からでさえ異論は出ないと思う。

　ちなみに、"キーウィ・ハズバンド"なんていう絶妙な言い回しもあって、これは家事や子育てを一生懸命こなす、優しい男子のこと。

　普段はいい人過ぎるニュージーランドの優男たちも、ことラグビーになるとホントに譲らなくなる。もちろん、女子も。

　「オールブラックスが世界一だ」って。

　「ニュージーランドではラグビーは宗教」

　よく使われる言い回しだし、遠い昔、イングランドのロックフェス会場で、我が人

New Zealand

もちろん、こんなラグビーパブも。オールブラックスの試合の時には街中が真っ黒に染まる（オークランドにて）

生において初めて遭遇したニュージーランド人青年からそう聞いて以来、自分の中でも絶対的真理になっている。

だけど、W杯に関しては第3回の南アフリカ大会から取材を始めたということもあり、途中までは引き立て役的なポジションに終始するオールブラックスの目撃者になってばかりだった。

1995年はスプリングボクスに決勝で敗れ（毒を盛られた疑惑も報じられたが）、1999年大会はもっと最悪で、準決勝前に勝つ前提で決勝戦までのスケジュールを発表しておきながらその準決勝でフランスに"世紀末のアップセット"で敗れる大失態。2007年の準々決勝で再びフランスのひと

刺しにやられる前の03年は準決勝でエディー・ジョーンズ監督率いる豪州に完敗。

ほぼ毎回、W杯で優勝候補筆頭に挙げられながらも、まるで持ち前の"いい人ぶり"を発揮したかのような勝負弱さを露呈して頂点には立てない時代が続いた。

この世の終わり――大袈裟じゃなく、本当にそんな感じ。

もちろん、どのチームのサポーターだって負けたら、悲しいし、悔しいよね。

でも、1995年からW杯を取材してきた経験でいうと、負けた後のファンの落胆ぶりもニュージーランド人がナンバーワン。

一生立ち直れないんじゃないの？　って心配しちゃうほどだけど、それだけ、オールブラックスが一番だと信じ切ってるってことだと思う。

ニュージーランド／オールブラックスが神である場所

ニュージーランド代表

オールブラックスこそ、世界最強チームであることは歴史が証明している。過去3回のW杯制覇は南半球の盟友たち（南ア、豪州とも2回ずつ）を抑えて最多。全てのチームとのテストマッチで勝ち越し、世界ランキングでも2009年11月以来1位を守り続けている。テストマッチ通算成績は448勝111敗20分（2019年6月現在）。

第2章　世界最強！南半球ラグビーチャンプス　35

サンウルブズの健闘を讃えて、かわいいハカを披露するクルセイダーズファンの子供たち（クライストチャーチ）

New Zealand
ニュージーランド

「夢はABになること」は100%
楕円球への愛は宗教レベルの島

　オールブラックスといえば"ハカ"だけど、これはオールブラックスだけが踊るわけではない。

　P36〜37の写真は、2017年にサンウルブズのオフィシャルフォトグラファーとしてクライストチャーチでのクルセイダーズ戦を取材した時のもの。

　試合後、スタンドに挨拶しに行ったサンウルブズのメンバーの健闘ぶりを称えて、地元の少年ファンたちがかわいいハカを披露してくれた。

　過去6回、海外でW杯を取材してきて、もちろんいずれの大会もそれぞれ印象深いのだが、最初から最後まで国中が盛り上がっていたのは、やはり2011年のニュージーランド大会だったと思う。

　もちろん、オールブラックスが24年ぶりに頂点に立ったという、ラグビーが宗教の国としては最高の結果となったのが大きかったんだけど。

　これまで、何人ものニュージーランド生まれのラグビー選手にインタビューしてきたが、「子供の頃の夢はオールブラックスになること」と答えなかった選手はひとりもいない。当たり前なのかもしれないけど、この当たり前って、かなり凄い。

　2007年からジャパンの一員として体を張り続けてくれている"トモ"こと、トンプソン ルーク(日本代表LO)はニュージーランド生まれとしては珍しく、ラグビーを始めたのが10代になってからという遅咲き

多民族国家であるNZだが、2011年に地元で24年ぶりとなるW杯制覇を果たした時の一体感は特別なものだった

New Zealand

Column

国内ラグビー事情

　ラグビー王国NZだけに、オールブラックスのテストマッチだけではなく、ほぼ1年中、質の高いラグビーを堪能できる。2019年現在、スーパーラグビー(SR)に参加しているNZフランチャイズチームは、クルセイダーズ(クライストチャーチ)、ハリケーンズ(ウェリントン)、ハイランダーズ(ダニーデン)、ブルーズ(オークランド)、チーフス(ハミルトン)。その下に、国内選手権の位置付けにあるNational Provincial Championshipがある(現在のMitre 10 Cupは7チームずつの2ディビジョン制で行われている)。

ハイランダーズの一員として日本人初のスーパーラグビー選手となったSH田中史朗

タイプ。それでも、ラグビーを始める前から夢はオールブラックスになることだったというから、宗教レベルであることは間違いなさそうだ。

　2011年に続いて2015年イングランド大会も制して、ようやく内弁慶ではないことを証明してみせたニュージーランド。

　過去2回の自国開催と2003年の豪州大会(元々はニュージーランドとの共催予定だった)以外ではニュージーランドから最も近い場所で行われる2019年W杯日本大会だけに、オールブラックス狂(教?)の黒装束の人たちが大勢駆けつけて……、最後に見せるのは3連覇に歓喜を爆発させて「ラグビーは俺たちのものだ」という感じのドヤ顔か、それともこの世の終わりって感じで落ち込む"キーウィ・ハズバンド"の冴えない表情か……。

ニュージーランド
New Zealand

　北島(North Island)と南島(South Island)をメインランドとするオセアニアの島国。南極へは約2,600km、豪州からは東へ約2,000kmという位置関係にある。

　面積は約27万534㎢。人口は約500万人。首都は北島南端のウェリントンで、最大都市は同北部のオークランド。南島の最大都市はクライストチャーチ。

　先住民族マオリ人、英国などの欧州系以外にサモア、トンガ、フィジーなどのパシフィックアイランダーやアジア系住民も増えている。

　公用語は英語とマオリ語で国歌も2ヶ国語で歌われる。

ニュージーランド／オールブラックスが神である場所

第2章　世界最強！南半球ラグビーチャンプス

東海岸よりもさらにのんびりした雰囲気の西部パースはラグビー人気が高い地域

Australia
スポーツ大国、ラグビー人気の現実

ブリスベンで見かけたワラビーズグッズを身に纏う少年たち。FB五郎丸歩が所属したレッズの本拠地だ

5、6時間かかる国内フライト
東西両海岸で時差も2時間

　知ってます？　オーストラリアって、デカいんですよ（苦笑）。

　いきなり、呆れられることを承知で当たり前のことを書いてしまったが、本当のところ、実際に行くまではオーストラリアのスケール感を完全には認識していなかったと思う。

　例えば、アメリカやロシアって、行かなくても「ものすごく大きい」ってわかっている気がするんだけど、豪州に関してはちょっと舐めてました。

　最初に豪州を訪れたのは2003年。やはりラグビーW杯イヤーだった。

　正確には、W杯の始まる約2ヶ月前。

　その年は、毎年恒例になっている高校日本代表の海外遠征が、珍しく夏（向こうは冬）に組まれていたため、同時期に行われていたトライネイションズ(※)取材も兼ねて、初"ダウンアンダー"敢行。

　実はこの時の高校代表の試合はトライネイションズの前座として組まれたりもしていて、破格の好待遇だったのだ。

2003年のRWCを前にブリスベンのメインストリートでイベントに参加するワラビーズの選手たち

※トライネイションズ…豪州、ニュージーランド、南アフリカの代表チームによる対抗戦。2012年からはアルゼンチンも加わり、ザ・ラグビー・チャンピオンシップの名称に

Australia

豪州では楕円球を持っているだけではラグビーファンかどうかの見極めが難しい（ブリスベンにて）

オーストラリア代表

愛称はワラビーズ。1991年第2回および1999年第4回のW杯で優勝。ニュージーランド、南アフリカ、アルゼンチンとSANZAARを形成し、同4カ国によるザ・ラグビー・チャンピオンシップにも参加。NZ、南ア、英アイルランド・ライオンズに負け越している以外は全ての国とのテストマッチに勝ち越している。

7人制でも男女ともに世界トップクラスの実力を誇る。

オーストラリア／スポーツ大国、ラグビー人気の現実

スーパーラグビーの前座試合に出た実質日本代表チーム（ウルフパック）よりも格が上というか（汗）。

この時もブリスベン～シドニー間を夜行列車（XPT）で移動したりして、なんとなくは感じていたんだけど、本格的に「デケ～よ」感に打ちのめされたのはW杯取材で再訪した際。

個人的には3度目となるW杯取材だった2003年。密かに立てた目標が「物理的に行ける試合は全部行く」。

最終的には、1日を除いて大会開催日にはいずれかの会場に行くことができて計25試合をカバー。ただし、実は1試合だけハーフタイムに会場を後にしてしまって……だから、本当は計24.5試合と言った方がいいかもしれない。

なぜ、前半だけだったかというと、そうしないと飛行機の最終便に間に合わないから。そして、その飛行機に乗らないと、翌日の試合に間に合わないから。

どういう移動だったかというと、パース→ブリスベン。所要約5時間。香港から東京に戻ってくるのと同じような感覚だ。

ちなみに、前述した大会期間中1日だけ取材に行けなかったのはナミビア−ルーマニア戦がタスマニアのローンセストンで行われた日。どうにもこうにも飛行機が取れなくて泣く泣く断念。

いまだに豪州で南極に最も近い島には行けていないので、悔いが残ってます。

第2章 ｜ 世界最強！南半球ラグビーチャンプス

7人制の国際大会シドニーセブンズでの地元サポーター。女子の競技人口は多い

Commonwealth of Australia
オーストラリア連邦

第2章 | 世界最強！南半球ラグビーチャンプス

他の競技との競争が激しく
街中でラグビーイベント多し

　北海道出身ということで日本人としては広い土地に慣れているタイプだという自覚もあるが、そんなスケールをはるかに超える豪州は、広大な土地を生かしたスポーツ立国という考えをいち早くとり入れた国でもある。

　ただし、それは、トラディショナルスポーツであるラグビーには結果的にいい影響を与えていないという側面もあるようだ。

　多種多様なスポーツを楽しめる環境が整っているため、結果的にラグビーの競争相手が増えているというわけ。

　確かに、フットボール系競技だけでも、"国技"のオーストラリアン・フットボール人気は圧倒的だし、2006年以来、W杯出場を続けるサッカーも高位安定。ラグビーでも、元々13人制の「リーグ」の方が人気は上なのが現実だったりもする。

英連邦である以上、クリケットやホッケーも根強い人気があり、"全豪オープン"がグランドスラムの一つであるテニスもある。

　すでに競技人口としてはラグビーは野球よりも下という調査もあったりで過去に2度W杯を制している国の現状としてはかなり厳しい。

　そんな背景もあるのか、豪州では他の国に比べても、街中でラグビーを盛り上げるためのイベントをよく見かける。

　03年W杯前のブリスベンのメインストリートでは、ワラビーズの選手たちが一般人と腕立て伏せ競争をしていたし、同じようなイベントは2013年にスーパーラグビーのレベルズ入りした堀江翔太（日本代表HO）取材のためにメルボルンに行った時も行われていた。

　前述したように、同じ大都市でも西部のパースやフリーマントルは東海岸のシドニ

Australia

Column

国内ラグビー事情

2019年現在、スーパーラグビー（SR）に参加している豪州フランチャイズのチームは、ブランビーズ（キャンベラ）、ワラターズ（シドニー）、レッズ（ブリスベン）、レベルズ（メルボルン）。2018年にSRから除外されたウェスタン・フォース（パース）はアジア・パシフィック地域のチームなどとともに「グローバル・ラピッド・ラグビー」に参加。
フォースも含めた豪州7チームにフィジーの1チームを加えた8チーム（2018年）による「ナショナル・ラグビー・チャンピオンシップ」も春シーズン（9～10月＝2018年）に行われている。

HO堀江翔太など日本人選手もプレーしてきたレベルズはメルボルンが本拠地

オーストラリア／スポーツ大国、ラグビー人気の現実

ーやメルボルンなどと比べると、さらにレイドバックしたのんびりムード。

そして、地理的に近いため南アフリカ出身者や、最近は再び英国からの移住者も増えていて、比較的ラグビー熱が高い。

残念ながらパースベースのウェスタン・フォースは2018年からスーパーラグビーから除外されてしまったが、その一方で、オーナー自らが同チームを中心とする新たな国際リーグ「グローバル・ラピッド・ラグビー」を立ち上げた。

2019年シーズンはアジアあるいは太平洋地区のチームを相手にしながらも、1万人を超える観衆が集まるケースもあり、ラグビー人気を裏付けるかっこうに。

西海岸でのラグビー観戦は豪州らしいのんびりとした雰囲気にプラスして独特の熱さもあっておすすめです！

オーストラリア連邦
Commonwealth of Australia

約769万km²という広大な国土面積を誇るオセアニア地方最大国家。18世紀後半から英国による植民地化が進み、20世紀に入って独立したものの、英連邦にはとどまり続けている。2018年現在の人口は約2,500万人、2018年の名目GDPは1兆3,379億米ドル。首都はキャンベラ。

豪州は多文化主義（シドニーセブンズより）

第2章 | 世界最強！南半球ラグビーチャンプス　47

South Africa
虹色に変化を遂げるラグビー大国

ブルームフォンテインでチーターズの応援にきていた少年たち。ラグビーが"敵のスポーツ"だったなんて知らないだろう

第2章 ｜ 世界最強！南半球ラグビーチャンプス 49

インビクタス――
融和を促したRWC1995

　世代が世代なんで、幻想を抱かされていた口だと思う。

　幻の"世界最強"スプリングボクス（当時は"ボックス"が普通だったかも）。

　オールブラックスやブリティッシュ・ライオンズとのテストシリーズに勝ち越し、ワラビーズには敵地で全勝。

　全部1970〜1980年に起きたことだ。

　アパルトヘイト政策に対する世界中からの批難によって国際舞台から追い出される前の話であり、海外ラグビーの映像入手も困難な時代だっただけに、"世界最強"情報だけがひとり歩きした。

　1987年にW杯が始まって、ようやく世界のラグビーがリアルタイムで観られるようになっても、1991年の第2回までは、この幻の"世界最強チーム"は出禁。

　なのに、いきなり第3回W杯のホスト国になることが許されちゃうなんて、やっぱりラグビーはジェントルマンのスポーツ。許容範囲が広いよね。

　でも、この地元W杯に向けての国際舞台復帰準備過程で「世界最強？　どこが？」というのが明らかになっちゃうのは名作『インビクタス』で描かれていたとおり。

　そして、幻想が弾けても、実はおとぎ話は続いていた――というのも。

　何しろ、決勝戦にはネルソン・マンデラ大統領が緑色のジャージに6番をつけて来ちゃうんたんだから。誰も勝てないでしょ？

　この1995年＝第3回こそが、自分にとっての初W杯。あの時にアフリカ大陸南端

キックオフ時間までのんびりとスタジアム周辺でバーベキュー。ラグビーの試合が生活にしっかり組み込まれているという表れか（ブルームフォンテインにて）

50

プレトリアのブルズファンの少年。ラグビーボールを持って観戦に行く少年が多いのもラグビーが根付いている証拠

南アフリカ代表

スプリングボクスが愛称だが、短く"Bokke"とも呼ばれる。

1891年に遠征してきたブリティッシュ・ライオンズとの間で初のテストマッチが行われた記録が残る。ライオンズも含め通算成績で勝ち越していないのはニュージーランドと日本のみ。1995年（写真）、2007年にW杯制覇。

南アフリカ共和国／虹色に変化を遂げるラグビー大国

に約1ヶ月滞在していなければ、ここまでラグビーにのめり込んだ取材を続けていなかった――って、これもホントの話。

まだ30代になったばかり。

やらかし過ぎだろ、というくらいいろんなことがあったけど、ひとつカミングアウトするとすれば、悪名高きヨハネスブルグ中心部で自動車の接触事故を起こしてしまったこと。

事故自体は大したことなく、でも後処理のために相手の黒人青年とその後も数回に渡って会うことになるんだけど、こちらがW杯取材で来ていることを知ると、最初は「ラグビーは好きじゃない」。歴史的背景もあって、多くの有色人種にとってラグビーは"敵のスポーツ"という認識が続いていたのは事実だった。

なのに、最後、オールブラックスに劇的な延長戦勝利を収めた決勝戦の晩に会った時には、彼らがBokkeと呼ぶラグビーの南ア代表ジャージを着て現れた……。

スポーツには世の中の流れを変える力がある。

映画でも触れられていた17-145という困った"事件"もあったのに、あの時W杯取材で来ていた何人もの日本人記者が、行く前は「世界一危険」情報に怯えていたはずの南アフリカフリークになっていた。

誰かが書いていた気もするんだけど、当時南アフリカにいた人たちは、みんな1台の同じバスに乗って、高低差もあるでこぼこ道を猛スピードで運転され、怖い思いをしたり、酷い車酔いなったりしながらも、終着まで乗ってみたらユートピアが現れた。そんな感じだった。

第2章　世界最強！南半球ラグビーチャンプス

選手だけじゃなく、ファンも体格のいい人が多いと感じるのは気のせいではないだろう（ヨハネスブルグにて）

Republic of South Africa
南アフリカ共和国

South Africa

第2章 | 世界最強！南半球ラグビーチャンプス

スタンドからテンションは減り みんなでおらがチームを応援

　1995年当時は、ラグビーが150年にわたって頑なに守り続けてきたアマチュアリズムを捨て去る"プロ化前夜"でもあった。

　W杯期間中にプロフェッショナルを容認する「オープン化」が宣言され、SANZAR（南アフリカ、ニュージーランド、豪州各協会のジョイントベンチャー）の誕生と共に、完全プロリーグ「スーパー12」（現「スーパーラグビー」）もスタートした。

　南ア好きを自認しつつも、07年に拠点を日本に移してからは、なかなか行くのが難しくなっていたのだが、スーパーラグビーに参戦したサンウルブズのおかげで2017年に再訪のチャンスを得た。

　もちろん、アフリカ大陸南端の国は大きく変わっていた。

　95年当時のように、いきなりケープタウンの中心部で"ナンパ"されて、いわゆるタウンシップ（黒人居住区）に連れ込まれ……いや、案内されるなんてことはなくなった──と思う。

　ラグビースタジアムでもそれは同じ。

　1995年当時の南アのスタジアムには、間違いなくある種の緊張感が溢れていた。

　決勝戦のヨハネスブルグ・エリスパークもすごかったが（ジャンボ機が競技場に迫ってきた時には、一瞬、本当に大惨事になるかと震え上がった）、個人的に忘れられないのが、開幕戦で前回覇者の豪州を迎えた時のケープタウンのニューランズ競技場。

　前半終了間際に南アWTBヘンドリックスが逆転トライを決めた時に起きた地底からマグマが吹き上がったかのような迫力ある大歓声は、大きな意味では身から出た錆びとはいえ、長らく押さえつけられてきた"幻の世界最強国"のラグビーファンたちの「とうとう解放されたぞー」という魂の叫びだっただろう。

South Africa

Column

国内ラグビー事情

2019年現在、スーパーラグビーに参加している南アフリカのチームはブルズ（プレトリア）、ライオンズ（ヨハネスブルグ）、ストーマーズ（ケープタウン）、シャークス（ダーバン）の4チーム。チーターズ（ブルームフォンテイン）とキングス（ポート・エリザベス）は2018年にスーパーラグビーから除外され、欧州のプロ14（ウェールズ、スコットランド、アイルランド、イタリアのチームが参加）に加わっている。

国内大会としては計14の州代表ベースのチームが参加するカリー・カップがある。

1995年当時とは比べものにならないほど、一般的な治安は良くなっているものの、そこはアフリカ大陸の大都市。スタジアムに行く際はタクシーや車での移動が無難だ。

試合の後、ファンがグラウンドに降りて、選手たちと直接触れ合うことができるのも南アラグビーの特徴（プレトリア／ロフタス・ウリースフェルト）

その一方で、当時から少なからずいた有色人種のファンに関しては、あるいはこちらの色眼鏡のせいかもしれないが、その存在自体がどこか浮き上がっていたような感じがしたのも事実だった。

2017年に再訪したエリスパーク、ニューランズ、そしてブルームフォンティンのトヨタ・スタジアム、プレトリのロフタス・ヴァースフェルト。

そこには、22年前に気になった違和感など全く存在していなかった。

"レインボーネイション（右コラム参照）"として過ごしてきた時間がそんな違和感を払拭。どんな人種もリラックスしながら、おらがチームを応援するカルチャーができあがったと結論づけるのは、長年ラグビー取材を続けてきた者としては少々青過ぎるだろうか。

南アフリカ共和国
Republic of South Africa

アフリカ大陸最南端に位置する共和制の国。1948年から1994年まではアパルトヘイトと呼ばれる人種隔離政策をとっていたが、後に大統領となるネルソン・マンデラ氏が所属していたアフリカ民族会議（ANC）などが主導した国内での反対運動に加えて、国際的な批判の高まりを受けて、1991年に撤廃宣言がなされ、1994年に行われた総選挙でANCが第一党となったことで、完全に撤廃されることになった。民主化以降は多民族が融合する"レインボー・ネイション"を国是としている。人口は約5,700万人（2018年）で、そのうち非白人が占める割合は9割を超える。金、ダイヤモンドなど豊富な鉱産資源を誇る。

Argentina
アルゼンチン

代表チーム"プーマス"と
サポーターの一体感は格別

　実は、アルゼンチンにもラグビー取材で1度だけ行ったことがあって……かなりの弾丸だったが、たぶんブエノスアイレスに1泊か2泊したんだと思う。

　ちょうど1999年ラグビーW杯が迫ってきていた頃、なんと日本の雑誌の仕事でアルゼンチン遠征をするウェールズ代表を撮ってほしいというリクエストだった。

　なんか、いい時代だったな（苦笑）。

　でも取材対象が、ご存じグレアム・ヘンリー監督率いるウェールズ代表だったので、アルゼンチンサイドは全く取材しなくて……だから、この本でもページ数を思い切り少なくしてしまいました（汗）。

　別に1999年にブエノスアイレスで食べたパスタに衝撃を受けたからという訳ではないんだけど、その後も南米に赴くことに関してはタイミングが合わなくて……。

　それでも、1999年W杯のプール最終戦で日本を寄せ付けなかったプーマスのその後の大躍進ぶりは割と直接目の当たりにしていて、W杯でも2003年、2007年、2011

2015年W杯では準々決勝でアイルランドを下し4強入りした

年、2015年と、アルゼンチンのビッグゲームを直接取材。

　どれも、かなり心を打たれた試合だったけど、実は試合内容以上に忘れられないのが、試合後の"彼ら"の様子。

　勝っても負けても、アルゼンチン代表とサポーターはなかなか帰らない（苦笑）。間違いなく、会場に残っての長っちりぶりでは世界一。

　勝てば喜びの宴、負けても悲しみのわかち合いが延々と、グラウンドとスタンドの境目のところでプーマたちとサポーターが一体化して繰り広げられる。

　この、喜びも悲しみも一緒に味わおうというラグビーファミリー感は本当にすごいので、2019年こそ現地で体感するぞ！　と思っていたのに、一番現地取材の可能性があったU20チャンピオンシップ（6月にアルゼンチン北部ロサリオ、サンタフェで開催）にね、日本がね、出なくなっちゃってね……。みなさんと一緒にまたまたW杯現場で堪能することになりました！

56

第3章
知られざる狂熱
亜細亜楕円球熱帯ゾーン

香港
スリランカ
ドバイ
アジアラグビー最前列激写集

さて、この中に飛び込んでいく勇気は？ ただ、2時間待ちが普通なのでそう簡単には入れない

Hong Kong
狂乱のセブンズヘブン

第 3 章 ｜ 知られざる狂熱　亜細亜楕円球熱帯ゾーン　59

地球で最狂の楕円球エリア
サウススタンドへGO! GO!

　ホント最高だよな、香港セブンズ。

　って、何をいまさら感いっぱいですね。

　でも、欧州ベースで仕事をしていた身からすると、実際、そんなに身近ではなくて、例えば1993年にスコットランドで行われた第1回7人制W杯や、この章で香港の後に出てくるスリランカ（2003年）、ドバイ（2009年）と、セブンズ取材もそれなりに経験していたものの、東アジアで行われる大会にはなかなか行きづらかった。

　ようやく、世界最強、いや"最狂"のセブンズの祭典を経験できたのは、2013年。

　スゲー。もうホントにスゲー。

　ひょっとしたら書いちゃいけないのかもしれないけど、「自分は2015年まで東京セブンズを開催していた国の人間です」というのが恥ずかしくなるくらいすごい。

　で、その狂乱の香港セブンズの象徴？と言えば、あの悪名高き"サウススタンド"。

　え？　知らない？

　知らない場合は、ここで読んだことを忘れて、香港スタジアムに行っていきなりサウススタンドに突入してみましょう。

　ま、スタンドに入るためだけに2時間とか待たなければいけないので、実際にはなかなかSSマン（ウーマン）となることさえ難しいという話も。

　もちろん、カメラマンという職業は、「危うきに近寄らず」ばかりでは仕事にならないので、時々、行っちゃうんですよ。あの悪名高き"サウススタンド"を撮りに。で、やっぱり時々飛んできます。黄金色の液体。ま、アンモニア系ではなく、アルコール系の方だから！　たぶん。まだマシって考えないといけないのかも。

　香港では同業者もかなり狂っていて、かつてはラグビー写真コンテストみたいなものも大会の時に行われていて、そうすると

Column
香港代表&スタジアム事情

　香港セブンズが行われる香港スタジアム、そして15人制のテストマッチで主に使われる香港フットボール・クラブともに香港島コーズウェイ・ベイエリアにある。隣接するハッピー・ヴァレー競馬場のトラック内に多数あるグラウンドでは、香港セブンズ時、各チームが練習をしていたりも。

　男子香港代表は15人制でも7人制でも、アジアでは日本に次ぐ実力を持つ。15人制は2019年W杯予選の最終予選で惜しくも敗れて惜しくも本大会出場ならず。7人制男子は2018年のアジアシリーズ3大会ともにカップ決勝戦で日本に敗れ、年間2位。同女子は年間4位。

どこまでも派手派手。エンディングでも打ち上げ花火を連発する

　普段のラグビートーナメントとかを撮り慣れているカメラマン同士ゆえの、調和をとりながら仕事を進めようという大人な感じがなくなって（決して、馴れ合いじゃないですよ）、もうみんな攻める、攻める。

　「お前ら、絶対にジャパンの写真とか必要じゃねえーだろ！」とか心の中で（たぶん聞こえてるけど）叫びながら、何でもかんでも押し寄せてくる地元カメラマンを押しのけつつ、大会関係者に「どうにかしてくれ〜」と泣きを入れたりしながら、何とか仕事を成り立たせたり。

　最近は現場を綺麗に収めるワールドラグビー路線が定着してきた影響もあるのか、地元カメラマンを制限し始めた感じでちょっと物足りないかな……って、サウススタンドの狂乱ぶりは変わらないので、本当にまだ未体験の人は是非！

中華人民共和国 香港特別行政区
Hong Kong Special Administrative Region of the People's Republic of China

　19世紀のアヘン戦争後、英国の植民地となり、第二次世界大戦後も英国統治が続いたが、1997年に中国に返還。その後も一国二制度政策により、特別行政区に。南端の香港島、九龍半島の九龍、同北川の新界、そして200以上の島々からなる。

　総面積は1,106㎢で東京都の約半分。人口は約750万人。そのうち9割以上が中国系住民と言われる。1997年の中国返還以降も独自の香港ドルを発行。独自の地域の旗もそのまま使われている。

第3章　知られざる狂熱　亜細亜楕円球熱帯ゾーン

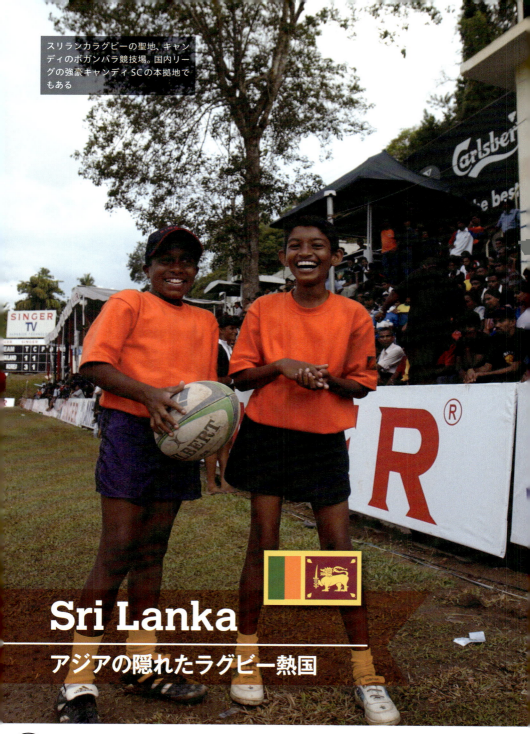

スリランカラグビーの聖地、キャンディのボガンバラ競技場。国内リーグの強豪キャンディSCの本拠地でもある

Sri Lanka
アジアの隠れたラグビー熱国

スリランカでは学生スポーツが盛ん。全国リーグも組織され、1万人を超える観衆が集まることも

第3章 | 知られざる狂熱 亜細亜楕円球熱帯ゾーン

象と一緒に楽しくパレード！
でも、その後グラウンドには…

　もう15年も前の話なのであんまり正確には覚えてないんだけど…って、古い話ばかりですみません！

　2004年9月、セブンズ取材のために、初めてスリランカへ行くチャンスを得た。

　その後も、2011年、2017年に再訪しているものの、田んぼのようなグラウンドで泥々になって撮影したとか、ハンバーガーチェーン店のカレーライス（ハンバーガーより安いんで）を食べてお腹を壊したとか、悲惨な話が多いので、楽しかった初スリランカ時の話を。

　とはいっても、かなり大変だったことには変わりないんだけど……。

　2011年（アジア5カ国対抗）、2017年（アジアセブンズ）時は最大都市で玄関口でもあるコロンボ止まりだったが、15年前の初訪問時はセブンズ取材のため世界遺産都市キャンディまで足を延ばした。

　「コロンボ空港からキャンディまでの移動も手配してくれているはずなので」

　もちろん、普通は自分で足も宿も手配するんだけど、この時は珍しく編集者経由の他力本願。

　本来、そんなタイプではないので、バチが当たったか。当然、深夜にコロンボ国際空港に着いても出迎えの人なんかいるわけないよね、当たり前だよね……。

　仕方がないので、その後の便で着いた中国チームに交渉してマイクロバスに乗せてもらうことに。

　「座席は余ってない」ってことで、マイクロバスのドアステップのところにチームの荷物と自分の荷物に埋もれながら座り込みまあ100kmぐらいだから平気だよ……ってたぶん5時間くらいかかったと思う。舗装されていないデコボコ道だったし、真夜中なのになぜが大渋滞。

Column

スリランカ代表と国内ラグビー事情

スリランカはアジア諸国の中ではラグビー人気が高い。特に、スクールラグビーが盛んで、全国リーグも組織され、1万人を超える観衆が集まることも珍しくない。

現在はコロンボで行われているスリランカセブンズ（アジアセブンズシリーズ）は元々競馬場だった競技場（コロンボ・レースコース）で行われるためか、雨が降ればグラウンドは田んぼのようになり、晴れても灼熱と、厳しい環境で行われることが多い。

代表チームは15人制、7人制問わずランニングラグビーを志向。7人制のアジアセブンズシリーズの2018年総合成績は男子が4位、女子が5位だった。

2018年アジアセブンズシリーズでは男子が総合4位、女子が同5位

そうやって苦労して着いたキャンディは、驚きのラグビーマッドな土地でした。

だって、象がラグビー場でパレードしちゃんだよ（動物ネタ、多すぎかも）。

伝統的に、セブンズの大会は、途中で全チームがパレードする時間があって、かつてはドバイセブンズでもラクダが一緒にパレードしたり……でも、象だからね。

最初は選手たちもノリノリだったんだけど、粗相もしちゃうので。グラウンドの上だって関係ないからね。象には。

パレードは大会終了後に行うわけではないので、その後グラウンドで試合をしなければいけなかった選手たちは…。

実は、スリランカではラグビー人気がかなり高い。ジャパンの選手たちも○○まみれになりながらカップ優勝を果たしたので、世界的なスーパースターのように現地の人たちからサイン攻めにあってました。

スリランカ民主社会主義共和国
Democratic Socialist Republic of Sri Lanka

1948年に英連邦内の自治領として独立。1972年に共和制に移行し、国名も「セイロン」から「スリランカ」へ。

首都はスリ・ジャヤワルダナプラ・コッテだが、多くの行政機関は旧首都で最大都市のコロンボに残る。

国民の7割が仏教徒だが、ヒンドゥー教徒、キリスト教徒とともに、イスラム教徒も約1割。2019年4月にコロンボ周辺で起きた同時多発テロとの関連も指摘されている。

スリランカ最大都市コロンボ中心部

Dubai
砂漠の中の治外法権セブンズ

まだまだ早い時間帯なのでちゃんとしている感じもあるけど(笑)、夜は乱れます。

入る時じゃなく出る時に
荷物チェックの理由は…

　中東最大の観光都市ドバイ。
　でも、みんなどこで遊んでいるんですかね？
　自分が毎年行くのは……砂漠の中の"仮設"スタジアム。
　その名もザ・セブンズ。
　ドバイ中心部から車で約30分。広大な敷地（砂漠の中なので……）を誇るスポーツコンプレックス内のメインスタジアムで、2009年の第5回7人制ラグビーW杯のためにできた競技場。現在は毎年11月下旬か12月上旬に行われているドバイセブンズのメイン会場になっている。

　時々、コンサートなども行われるが、3日間のトーナメントで延べ10万人がやってくるドバイセブンズこそが、毎年のメインイベント。普段はほんの気持ち程度のスタンドしかないが、毎年この3日間になると4万人以上が収容できる仮設スタンドが高々とそびえ上がる。
　最近は、この手のビッグイベント入場時には荷物チェックが行われるのが普通になったが、ドバイセブンズがユニークなのは敷地を出る時にも荷物チェックがある点。
　これは、自分の経験ではドバイだけ。
　ご存じのとおり、イスラム圏では特別に許可された場所を除いてアルコール類を口にすることが禁じられている。
　つまり、"ザ・セブンズ"こそ、その特別な場所で、敷地を出る時の荷物チェックとは、主にアルコール類持ち出しに関するものだということ。
　スタジアム内の乱痴気ぶりでは香港セブンズにはかなわない気がするけど、敷地全体での"クラブ化"ではたぶんドバイが上。
　欧州や南アフリカなど、楕円球狂が多い地域からのアクセスも良く、ラグビーも楽しみながらのホリデースポットとしてすっ

Column

UAE代表＆スタジアム事情

"ザ・セブンズ"スタジアムはドバイ中心部から約35km。アクセスは基本的に車のみ。ドバイセブンズではタクシー乗り場とともにUberのUAE版とも言えるCareemのピックアップポイントもできる。

2013年のアジア5カ国対抗（15人制）では日本代表とUAE代表のテストマッチも同スタジアムの第2ピッチで行われた。

同代表は2019年のアジアチャンピオンシップではディヴィジョン2（D2＝3部）で優勝。2020年はトップ3ヶ国の下のD1でプレーするメンバーはUAEに駐在しているビジネスマンなどが中心。

砂漠の中にあるザ・セブンズ競技場。ドバイセブンズ時以外、スタンドはなくなる

ドバイ／砂漠の中の治外法権セブンズ

かり定着した感がある。

ラグビーの試合が終わった後も、他では酔っぱらえないけど、クラブ化した砂漠の中の巨大スタジアムでは別とばかりに、夜な夜な"治外法権パーティ"が繰り広げられるのだ。

ド派手な演出も香港セブンズ並み

ドバイ
Dubai

アラブ首長国連邦を構成する首長国のひとつ。人口は約250万。中東屈指の金融センターであり、超高級ホテルやショッピングモールが並ぶ観光都市としても名高い。世界一の高さを誇る高層ビルであるブルジュ・ハリファでも有名。人口は約250万人でUAEではアブダビに次ぐ大都市。GDPは約800億米ドルでアブダビの2分の1ほどの規模。

首長はムハンマド・ビン・ラーシド・アル・マクトゥーム。UAEの副大統領兼首相でもある。ドバイ国際空港は利用者数で世界3位（2018年）のハブ空港。同空港から約40km離れた場所に新国際空港も開業しており、将来的には世界最大規模の空港になる予定。

第3章 ｜ 知られざる狂熱　亜細亜楕円球熱帯ゾーン　69

Another World of Rugby at the Front Row in Asia ①
知られざるアジアラグビー最前列激写集①
"Small but Passionate Rugby Nations"

2012年10月のムンバイ（インド）セブンズに参加したアフガニスタン代表

Afghanistan

Iran - China

中国対イラン（2012年6月、アジア5カ国対抗ディビジョンⅡ＝マレーシア・クアラルンプール）。

Laos - Uzbekistan

ラオス対ウズベキスタン（2013年5月、アジア5カ国対抗ディビジョンⅢ＝ドバイ）

No side after India - Pakistan

インド対パキスタン戦の後、仲良く記念撮影（2012年6月、アジア5カ国対抗ディビジョンⅢ＝クアラルンプール）

第3章 | 知られざる狂熱　亜細亜楕円球熱帯ゾーン　71

ラグビーを通して貧困や社会問題を解決するプログラムに参加するカンボジアの子供たち（2013年）

Phnom Penh

2012年5月、アルマトイで行われた日本戦でボールボーイを務めたカザフスタンの少年たち

Almaty

第3章 | 知られざる狂熱　亜細亜楕円球熱帯ゾーン　73

> Pick up
アジアラグビー主催の二大イベント

Asia Rugby Championship
アジアラグビーチャンピオンシップ

　アジアラグビー（アジア協会）が主催する15人制の国代表によるメイントーナメント。

　2014年まではアジア5カ国対抗として"ホームorアウェー"スタイルのトーナメントとして毎年開催されていたが、2015年からはトップ3カ国による"ホーム＆アウェー"戦に変更。

　2018年は翌年のラグビーW杯予選も兼ねていたこともあり、日本は参加せず、2019年も前年と同じ香港、韓国、マレーシアの3カ国によりアジアチャンピオンが争われている。

　トップディビジョンの下にディビジョン1（中華台北、フィリピン、シンガポール、スリランカ）、ディビジョン2（グアム、カザフスタン、タイ、UAE）があり、ディビジョン3は西アジア、東南アジア、中央アジアの3地域に分かれて、それぞれトーナメントが行われている。

　ARFU（旧アジア協会名）ラグビーチャンピオンシップ名義で行われていた時代も含め、日本は参加した28大会中23回、アジア王者の座に輝いている。

2016年6月の仁川での韓国−香港戦。韓国でのラグビーの国際試合は同市ナムドン・アジアード・ラグビー・フィールドで行われることが多い

Asia Rugby Sevens Series / Asia Rugby Women's Sevens Series
アジアラグビーセブンズシリーズ／アジアラグビー女子セブンズシリーズ

　こちらは、アジアラグビーが主催する7人制の国代表が争うシリーズトーナメント。

　2016〜2018年は香港（ワールドシリーズとは別大会）、韓国（仁川）、スリランカ（コロンボ）の3シリーズによって7人制のアジア王者が決められてきたが、2019年は香港に代わり、中国（恵州）大会に。

　2011年以降、1年ごとに入れ替わりで日本と香港がシリーズ王者となってきたが、2017〜2018年は初めて日本が連覇。

　女子セブンズシリーズも同時開催され、2015年以降、日本が4連覇を果たしている。

　2018年の参加チームは以下のとおり。
日本、中国、カザフスタン、香港、スリランカ、タイ、シンガポール、韓国

ほとんど泥レス!? コロンボで行われるアジアセブンズ・スリランカ大会は晴れても、雨が降っても厳しい環境下での大会に

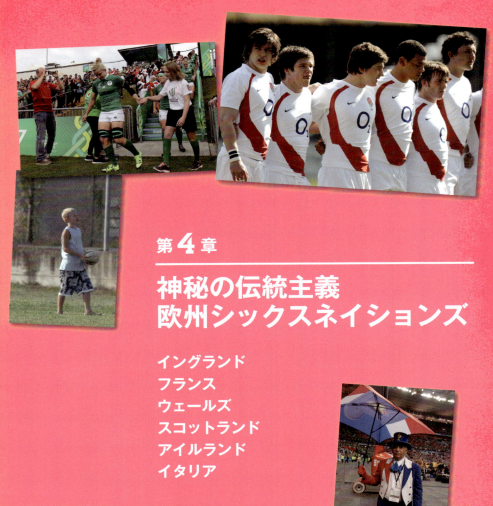

第4章
神秘の伝統主義
欧州シックスネイションズ

イングランド
フランス
ウェールズ
スコットランド
アイルランド
イタリア

2018年11月、ジャパンとのテストマッチのためトゥイッケナムに到着したイングランド代表を迎えるサポーター

England
プロ化により"母国"の開放は続く

第4章 | 神秘の伝統主義　欧州シックスネイションズ

今も昔も全然変わらない
ラグビースタジアムの安心感

　イングランドラグビーは変わった。
　本当はラグビーだけではないし、イングランドだけでもないんだけど……。

　パリに住んでいた頃、フランス在住者からすると、イングランドはいろんな面で敷居が高かったのは事実。入国審査も向こう側だけが厳格だった（いまはむしろ逆の傾向あり！）。
　それは、テストマッチ取材に関しても同様で、最初から何でもありで受け入れてもらえたフランスに比べて、イングランドはきちんと段取りをしていかないといけないし、出すべき書類も多かった。
　もちろん、当たり前といえば当たり前だし、やるべきことさえしっかりできれば、ちゃんと認めてもらえるのはイングランドの良さでもある。

　かつての敷居の高さという意味では、村田亙、吉田義人、斉藤裕也、大畑大介と、2015年W杯でのジャパンの大ブレイク以前も日本人にもプロ選手としてのチャンスが

テストマッチで選手を先導するためにトゥイッケナム・スタジアムのピッチに入場するイングランドの少年たち

England

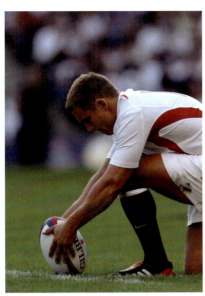

イングランドでプロ化の象徴と言えば、やはりこの人。超秀才司令塔ウィルキンソンを超える存在は…

イングランド代表

6カ国対抗の優勝回数ではウェールズに劣るものの、通算成績では勝ち越しており、北半球の盟主のポジションにいるのが常。北半球で唯一のW杯制覇国でもある（2003年）。2016年からはかつて日本代表HCを務めていたエディー・ジョーンズ監督が指揮。元々のジャージデザインは白の上下に胸にバラの花だけがあしらわれたもの。

与えられたフランスに対して、イングランドのプレミアシップ（1部リーグ）では岩渕健輔しか前例がなかったという史実もそれを裏付けていると言えるかもしれない。

「サッカーは労働者階級、ラグビーは上流（中流）階級」

そもそも"階級"自体が外の人間にはわかりにくかったりするので判断も難しいのだが、基本的にはそんな格言はもう通用しないと考えてもいいと思う。

ただし、1990年代から欧州で両方のフットボールの現場を踏んできた立場から言うと、ラグビースタジアムの安心感は昔からそうだったし、いまも変わらぬラグビーのいいところだと心底思う。

2018年11月17日、日本代表がトゥイッケナム競技場でイングランド代表とテストマッチを戦った。

世紀をまたぐかたちで、何度もトゥイッケナムでのテストマッチ撮影をしてきたけど、全部、自分にとってはよその国同士の戦いだった。

なんとなく無理矢理潜り込ませてもらっている感じがあったけど（取材申請自体は認めてもらっていたが）、今回は正々堂々、真の当事者として"聖地"に立てた。

やっぱり、そっちの方が気持ちいい。

この一世一代の機会に、2015年W杯決勝戦よりも圧倒的に多い日本人カメラマンの取材申請が殺到。

そして、信じられないことに、ほぼ全員に撮影許可が下りた。

やはり、イングランドは変わった。

イングランド／プロ化により"母国"の開放は続く

第4章 ｜ 神秘の伝統主義 欧州シックスネイションズ

変わらないスクールラグビーの頂点はオックスフォード大とケンブリッジ大によるヴァーシティマッチ（写真はオックスフォード大）

England
イングランド

ロンドンセブンズ時のトゥイッケナム・スタジアム。子供たちをどうラグビー場に連れてくるかがその国のラグビー発展の鍵となる

第4章 | 神秘の伝統主義　欧州シックスネイションズ　81

スクールラグビーこそ
イングランドの原点

　イングランドのラグビーが変化した背景にある一番の要因は、もちろん"プロ化"だろう。

　ラグビーをビジネスにしていかなければいけなくなったのだから、周辺事業も含めてイングランドラグビーにお金を投じてくれる、あるいはイングランドラグビーへの投資につながるイメージを発信してくれる人たちを大事にしなければならない。

　ま、これも当たり前と言えば当たり前の話なんだけど……カメラマンを門前払いしている場合ではないのだ（拍手）。

　その一方で、もちろん変わらない部分もたくさんある。

　2015年のW杯時、そして2018年秋の遠征時も、ジャパンの練習はその土地の有名校で行われることが多かった。

　なぜなら、グラウンド等の設備が整っているから。

　もちろん、それは遠征でやってきたチームのために急に用意したわけではなく、普段から整備された状態だということ。

　芝の上での練習なんてほぼ考えられない日本の高校生からすると想像できないよう

スクールラグビーはア相変わらず母国のラグビー文化の根底を支えている（オックスフォードにて）

Column

国内ラグビー事情

　イングランドの国内1部リーグ「プレミアシップ」には12チームが参加。いずれも19世紀に創立された名門クラブばかり。過去の優勝回数はレスターが10回でトップ。6回のバースとワスプスが続いている。毎シーズン、プレミアシップのチームは欧州リーグ（チャンピオンズカップ、チャレンジカップ）でもプレーする。日本人選手としては2000～2004年にサラセンズに所属した岩渕健輔の他、2016年には畠山健介がニューカッスルでプレー。また、トンガ出身の日本代表No8.アマナキ・レレイ・マフィは2016年にバースで7試合に出場した。

グロスターの本拠地キングスホルムは2015年W杯前後はジャパンのホームグラウンドのようだった

イングランド／プロ化により"母国"の開放は続く

な恵まれた環境で、イングランドのスクールラグビーは行われている。

　地域ごとにアカデミーができ、各クラブの育成機関も充実するプロ時代になっても、スクールラグビー文化が廃れないのは、相変わらずエリート教育の中の通過儀礼のような意味合いも持つイングランドのラグビーならではかも。

　最近の遠征では、撮影許可時間が極端に制限されたり、ジャパンの練習を撮るのが難しくなっていたりするので、むしろ同時に行われているスクールラグビーの方を熱心に撮ってるなんてことも……。

　昔から変わらないスクールラグビーの隆盛はプロ化だけじゃなく、日本が見習ってもらいたいものであることは確か。

イングランド
England

　グレートブリテン（GB）島中央〜南部の約3分の2を占める。人口は約5,500万人。最大都市は連合王国の首都でもあるロンドンであり、人口は約880万人。ラグビーの母国であり、200万人を超える競技人口を誇る世界一のラグビー大国でもある。

　イングランドを中心とする連合王国は1973年の欧州共同体（EC）加盟以来、ECおよびEU（欧州連合）圏内にとどまってきたが、2016年に国民投票でEUからの離脱を選択。EU加盟時も統一通貨ユーロには加わらずスターリング・ポンドを維持した。

2007年W杯時のスタッド・ド・フランス。代表のテストマッチよりも確実に満員になるのはTOP 14決勝。

France
世界一のプロリーグとSud Ouestの深き源流

村田亙が所属していた時代のアヴィロン・バイヨネの少年選手たち。よく"ワタ"のパスの真似をしていた

第4章　神秘の伝統主義　欧州シックスネイションズ

"ワタ番"で本格的に知った南西フランスのラグビー熱

1999年12月のこと。

日本人初のプロラグビー選手として、村田亙がフランス2部（現PRO D2）所属のアビロン・バイヨネ（AB）と契約した。

以降、ABのホームゲームがあるたびにパリから南西フランスのバスク地方に位置するバイヨンヌへ通うのが常となった。

"ワタ（バイヨンヌではそう呼ばれていた）番"ですね。

飛行機だと1時間、フランス版新幹線のTGVだと確か5時間（現在は4時間）、そして車をブッ飛ばして7〜8時間。

どれも試みたが、個人的に一番のお気に入り南下方法はTGV。

もちろん、ちょっと長いんだけど、それでも800km近くの距離を縦断して行く際に車窓から見える景色は興味深かった。

中間地点とも言えるボルドーまでと、その先とで明らかに形が変わるものがあって……それは、ゴールポスト。

ボルドーまでは主にサッカーゴールだったのが、ボルドーからはラグビーのゴール

2017年11月に行われたフランス―日本は新多目的施設Uアレーナのラグビーでのこけら落としとなった

子ども騙しグッズがたくさんあるのもフランスの
プロラグビーが成功している証拠

> ## フランス代表
>
>
>
> "フランチフレアー"と呼ばれる、ひらめき溢れるスタイルで世界中のファンを魅了してきた"レ・ブルー"。
>
> 1987年、1999年、2011年と、過去3回のW杯で準優勝。イングランドと並んで北半球の雄という位置付けにある時代が長かったが、2016年以降は6カ国対抗でも5位、3位、4位、4位とやや低迷している。

ポストに変わる。

シュドゥエスト（Sud Ouest）。英語ならSouth West。

フランスでは、なぜか南西部がラグビーの盛んな土地なのだ。

TOP 14というフランスの一部リーグ所属のチームを見ると、14チーム中8チームが南西フランスにあるクラブ。さらに、2部リーグであるPRO D2でも16チーム中9チームがSud Ouest。逆にパリ以北は1、2部合わせて3チームしかない。

ちなみに、主将としても監督としてもW杯制覇を成し遂げた仏サッカー界の英雄ディディエ・デシャン氏はバイヨンヌ出身（15歳まではABのサッカー部門に所属）。

ASモナコ監督時代にインタビューした時、「バイヨンヌ出身の男子はほぼ全員がラグビーをプレーする」と、思いっきりのSud Ouest訛りで話していた。

TOP 14の決勝戦は毎年パリ郊外にある約8万人収容のスタッド・ド・フランス（SDF）で行われるのだが、どんなカードになってもだいたい満員になる。

フランス代表のテストマッチだと、カードによってはSDFが埋まらなかったり、他のスタジアムで行われたり……。

2017年11月のジャパンとのテストマッチは3万2,000人収容のUアレーナで……でも、2000年の平尾ジャパンの時がフランスAとの対戦だったり、2012年のエディージャパンでさえフランチバーバリアンズとの対戦だったので、フランス代表とテストマッチを戦えるだけで待遇は改善しているって考えないといけない？

国を挙げての普及の成果か、北部でもラグビー人口は増えている（ルアーブルのHRCにて）

第4章 ｜ 神秘の伝統主義　欧州シックスネイションズ

2023年自国開催W杯に向けて盛り上がっていきそうな流れも

　ダン・カーターしかり、ジョニー・ウィルキンソンしかり、そして五郎丸歩しかり。

　世界中からスーパースターを集めてきたTOP 14は世界で最も成功している国内リーグだと言っていい。

　前述したとおり、TOP 14の決勝は8万人のSDFが満員に。2016年にいたっては、同時期にサッカーのユーロ2016が行われていたため、バルセロナのカンプ・ノウに場所を移して行われたのだが、なんと99,124人の大観衆が集まり、クラブラグビーとしては世界最多観客数試合となった。

　いずれにしても、このTOP 14決勝戦、勝ち上がったチームの本拠地の人たちが総出で"上京"する感じで面白い。

　特に、バスクやカタラン（カタルーニャ）といったフランス内の非フランスと言えるような地域のチームが勝ち上がったりしたら、パリがベレー帽（バスクが発祥）オヤジだらけになったり、黄色と赤のカタランカラーの旗で埋め尽くされたり……。

　ただ、商業主義を極めているTOP 14では、単純にラグビーが盛んだというだけで、その地方のクラブが上位進出を果たせるわけではもちろんない。

　バスクのビアリッツは2006年、カタランのペルピニャンは2010年が最後の決勝進出というのが現実だったりする。

　ジョニーやゴローがいたトゥーロンや、DCのいたラシン92など、資金力のあるクラブが決勝に勝ち上がりがちだ。

　それでも、2018年は人口4万人の小さな町のクラブ、カストル・オランピックが優勝。有名外国人選手もなしというチーム

07年W杯時のフランスサポーター。女性ラグビーファンにもベレー帽率は高い

Column

国内ラグビー事情

　TOP 14(トップ・キャトルズ)はその名の通り、14チームからなるフランス1部リーグ。2部リーグはPRO D2(プロ・デー・ドゥ)の名前で16チームで構成されている。欧州チャンピオンズ・カップには6チーム、同チャレンジカップには8チームが参加するかたちでTOP 14全チームが欧州リーグでも戦っている。W杯や6ヵ国対抗も含めたテストマッチ時も基本的にはリーグ戦は行われる。8月に開幕し、決勝戦は6月というのが通常のパターン。本文でも触れている通り、南西部に強豪クラブが多い。

パリの強豪クラブ、スタッド・フランセのサポーター

構成で勝ち上がっただけに、"カストルのミラクル"って感じで盛り上がった。

　代表チームが低迷している(※P87参照)要因として、TOP 14に有力外国人選手が多すぎて、フランス人の若手のプレーの場を奪っていることも挙げられていたりするが、カストルのようなチームがTOP 14を制したことは、代表の再浮上にもつながると捉えられている。

　そして、2018年のワールドラグビーU20チャンピオンシップでは、フランスは準決勝でニュージーランド、決勝でイングランドを破り優勝。なんと、2019年も連覇を果たした。

　なんとなく、自国開催の2023年W杯へ向けて再浮上していきそうな予感も漂うフランスラグビーではある。

フランス共和国
République française

　EU内最大の国土面積を誇る西欧の大国。人口ではドイツに次いで同2位。フランス本土以外のフランス領も含めると面積は約67万㎢、人口は約6,500万人。

　2018年の名目GDPは約2兆3,490億ユーロで世界6位。

　農業生産高では世界6位、同輸出額では世界2位という農業国である他、自動車産業なども国の基幹産業となっている。観光客の入国数は世界一。

　2023年にラグビーW杯、2024年にパリ五輪の開催が決まっている。

フランス／世界一のプロリーグとSud Ouestの深き源流

2009年U20日本代表が試合を行ったアベラヴォンのタルボット・アスレティック・グラウンド。前世紀初頭から基本的な佇まいは変わらない

Wales
北半球一のラグビー偏愛エリア

人口300万の"小国"だが
6カ国対抗制覇回数は最多

　北半球一、ラグビーマッドな民。
　それはウェールズの人たちだと断言してもいいと思う。
　1987年から始まったラグビーW杯。その決勝戦が首都周辺、あるいはその国の最大都市で行われなかったのは、1999年のウェールズ大会だけ。
　決勝戦が行われたカーディフはウェールズ地方の首府ではあるものの、人口は約30万人。

　他のファイナルシティに比べて、もう圧倒的に小さな地方都市だし(2番目に小さいオークランドだって人口約180万人)、そもそも地域全体でも人口300万人の一地方がW杯のホスト・ネイションになってしまうのだから、そりゃあ"マッド"だよね。

　ちなみに、1999年W杯決勝時、試合前に会場のミレニアム・スタジアムでライブパフォーマンスをしたのは、当時、2ndアルバムが全英ヒットチャート1位になっていたステレオフォニックスというウェールズ出身のロックバンド。

1999年W杯のために作られたミレニアム・スタジアム。日本代表も過去に5回テストマッチを戦っている

ウェールズ代表

ニックネームはレッドドラゴン。1970年代の黄金時代に7回頂点に立ったのも含めて、計39回6カ国対抗（5カ国対抗時代なども含む）を制覇。最多優勝回数を誇っている。2019年には7年ぶりとなるグランドスラム（全勝優勝）を達成。W杯は第1回大会（1987）と第7回大会（2011）で4強入りを果たしている（写真は07年W杯）。

ウェールズ／北半球一のラグビー偏愛エリア

同じくウェールズ出身でやはり"全英1位バンド"のマニックス・ストリート・プリーチャーズのジェイムス・ディーン・ブラッドフィールドは2016年の来日公演で「去年のブレイブ・ブラッサムズは本当にすごかった」とMC。これがイングランド出身バンドの場合、ギャラガー兄弟（オアシス）の「マンチェスター・シティが…」という感じでサッカーネタになったりすると思うので、そういう事例からもウェールズの土地柄がうかがえるかと。

1999年W杯で日本はサモアとの初戦を北ウェールズのレクサムで戦ったが（●9 −43）、伝統的には北ウェールズはむしろ13人制のリーグラグビーが盛んで、15人制のラグビー（ユニオン）に関しては不毛の地と言われてきた。

その時も北ウェールズで行われたのは日本−サモア戦のみで、あくまでもラグビーマッドなのは南ウェールズの人たちだった。

そんなふうに、本当に少ない人口の小さなエリアの代表チームが、伝統の6カ国対抗ラグビーで最多の優勝回数を誇っているなんて、かなり凄いことだと思う。

個人的にも、現在のミレニアムスタジアムの場所にあった昔の"ナショナルスタジアム"である旧アームズパークは、自分のイメージの中ではいまだに世界一ラグビースタジアム。

ゴール裏の立ち見席に埋没するようなかたちで撮影しながら、ただひたすらラグビー愛を感じさせるラグビーマッドな人たちとの一体感を持ちながら仕事ができる貴重な場所だった。

峡谷の小さな町で継承される
愛すべきラグビースピリッツ

　北半球一ラグビーマッドなウェールズだけに、いろんなカテゴリーでのジャパン関連の遠征も当然多い。

　高校日本代表、U19、U20……特にユース関連の遠征に関しては行き先としてはウェールズが最多ではないかと。

　もちろん、試合をするだけじゃなくラグビー文化も学ぶという意味では、ウェールズは最高だと思う。

　ちなみに、かのリーチ マイケル日本代表主将も、桜のジャージを身にまとってチームを率いたのは、2008年のウェールズが最初（U20代表）。

　正代表のジャパンのテストマッチに関しては、南ウェールズではミレニアム・スタジアムでしか取材したことがないが、ユースチームの遠征試合は日本の感覚で言うなら超田舎町（すみません）で行われることの方が多い。

　それは、欧州の他の地区と比較しても圧倒的にそう。

　つまり、それくらい小さな町でも海外からのチームを受け入れられるだけのラグビークラブがあるということでもある。

　かつては豊富な鉱産物で栄え、かつ伝説のラグビー選手たちを生んだ峡谷が続いていることもあり、目的地に着くのが難しかったり……。

　いまなら、電波さえ届けばGoogleマップが案内してくれるし、場所の説明をしなくたってUberが目的地まで運んでくれたりするんだろうけど（南ウェールズの小さな街でUberが呼べるかは未確認だが）。

コルウィンベイでのタグラグビーのデモンストレーション。北部での普及も進んでいる

Column

国内ラグビー&スタジアム事情

　国内のトップ4クラブ、カーディフ・ブルーズ、ドラゴンズ(ニューポート)、オスプリーズ(スウォンジー)、スカーレッツ(スラスネリ)が参加するのはPRO14と呼ばれ、ウェールズ、スコットランド、アイルランド、イタリアのトップクラブと南アフリカの2チームによる国際リーグ。この4クラブはそのまま欧州リーグ(チャンピンズカップ、チャレンジカップ)にも参加。前記4チーム以外が参加するナショナル・チャンピオンシップ1部(SWALEC Championship)は12チームで行われている。

　1999年のラグビーW杯のためにつくられたミレニアム・スタジアムはカーディフ中央駅から徒歩数分。このアクセスの良さも"マッド"度の現れと言っていいかもしれない。

ウェールズ代表を50人ほど輩出してきたアベラヴォンクラブは国内1部リーグに参加

　でも、そうやって苦労してたどり着いた小さな町のラグビーグラウンドとそこに集まってくる人たちの楕円球熱にこそ、小さなウェールズが世界有数のラグビー強豪国であり続けている理由が詰まっているのだと思う。

　そんな小さな町の善良なラグビーファンは、W杯で活躍するリーチや立川理道や田村優や藤田慶和を見ながら「昔、あの日本人選手が若い頃にうちの町に来て試合をした時に見ているんだよ」なんて自慢しているかもしれない。

　ちなみに、2013年にはエディージャパンがロシアとのテストマッチを北部の港町コルウィンベイで行なっているが、当地のラグビーアカデミーは全国的に知られていたり、北ウェールズでのラグビー普及も進んでいる。

ウェールズ
Wales

　グレートブリテン(GB)島南西部にあり、GBおよび北アイルランド連合王国を形成する4地方のうちのひとつ。南はブリストル海峡、西はアイルランド海、北にリバプール湾という位置関係にある。ロンドンからは西に約200km。人口は約300万人で首府はカーディフ(人口約30万人)。上半分が白、下半分が緑の背景の真ん中に"レッドドラゴン"が描かれているのがウェールズ国旗。街中で見かける公の表記は英語以外にウェールズ語でも併記されていて、約2割のウェールズ人が同語を理解するという調査もある。

北部レクサムのレースコース・グラウンドで選手たちの出待ちをする地元ファン

Wales
ウェールズ

Pick up

Six Nations and The Rugby Championship

6カ国対抗とザ・ラグビー・チャンピオンシップ

ホーム・ネイションズと呼ばれるイングランド、スコットランド、ウェールズ、アイルランドにフランスとイタリアを加えた欧州の強豪で毎年行われているのが「6カ国対抗（6N）」。

一方、ニュージーランド、豪州、南アフリカ、そしてアルゼンチンの南半球の4カ国対抗戦はその名も「ザ・ラグビー・チャンピオンシップ（TRC）」。6カ国対抗の方は、140年近い歴史を誇り、元々はホームネイション間の対抗戦だったものが、1910年にフランスが参加して5カ国対抗になり、さらに2000年にイタリアの参加が認められて現行の6Nに。

TRCの方は1996～2011年はNZ、豪州、南アによる「トライ・ネイションズ」として行われていたが、2012年からアルゼンチンも参加する4カ国対抗になった。

この2つのビッグトーナメント以外にも、日本も参加する「パシフィック・ネイションズカップ」や「欧州ネイションズカップ」、「アメリカス・ラグビー・チャンピオンシップ」、アジア編で触れた「アジア・ラグビー・チャンピオンシップ」など、地域ごとに代表チーム同士が戦うトーナメントが行われている。

その一方で、世界のラグビー協会を統括するワールドラグビーは、そうした地域ごとに年単位で行われていた大会をひとまとめにした「ネイションズ・チャンピオンシップ」を2022年からスタートさせたい意向であることを発表。

6NとTRCが合わさり、さらに日本などを加えた12カ国をトップディビジョンとする案などが検討されたようだが、昇降格を伴うフォーマット案に欧州サイドからの賛同が得られず、実現化には至らなかった。

実現していれば、毎年ティア1国との対戦が保証される可能性が高かった日本にとっては残念な結果となった。

6カ国対抗のフランス−イタリア戦。欧州エリート国は降格のない6Nの維持を選んだ…

2018年11月に東京で行われた日本−ニュージーランド戦。NCが実現していれば、こういう対戦が毎年日本で見られることになるはずだったが……

第4章　神秘の伝統主義　欧州シックスネイションズ

2017年11月。エジンバラの街中で見かけたスコットランド代表テストシリーズのポスター

Scotland
イングランドではないGBの良心

第4章　神秘の伝統主義　欧州シックスネイションズ　101

"Any Nation but England"
だからこそ英国は面白い

　もし、この本の英語版が出ることになったら、これから書くことは削除してもらおうと思うんだけど（「出ないので、心配には及びません」との編集者の声が聞こえるな）、6カ国対抗組の中で一番安心して付き合えるのってスコットランド人かも（……一応、他の地域にも友だちがいるので）。

　これって、実は欧州でラグビー取材をしたことのある人だったら、割と賛同してもらえる気もする。

　クソ真面目、でも威張り散らさない。表面的には面白味には欠けるかもしれないけど、じっくり味わうと実は行動も面白い。

　ラグビースタイルにも通じると思う。

　もう嫌になるくらい遠い昔（またですね）、まだ20代前半で行った語学研修先の南イングランドの英語学校で授業を担当してもらったスコットランド人の先生だったり、初ラグビーW杯取材だった1995年の南アフリカの準決勝移動時に出会ったナイスなスコティッシュカップルなど、実際に出会った人たちの影響でそう思っているんだけど（あと、英国音楽好きなので、スコティッシュバンドの影響もあります）。

　ちなみに、前出スコットランド人カップルは、「スコットランドはもう負けたよね」とのこちらの問いに、「うん。この後はAny nations but Englandを応援する」と、期待どおりの答えで返してくれて、「やっぱり、"イングランド以外"なんだな」と。

　そんなスコットランド（人）の楕円球の聖地といえばマレーフィールド。荘厳たるエジンバラ郊外にあり、佇まいの美しさならトゥイッケナムを超えているでしょ！

　そのスコットランド人たちが誇る美しすぎるスタジアムで自分の身に起きたことをひとつだけ紹介させてもらうとすると……。

　1999年ラグビーW杯時。その時はスタ

Scotland

Column

スコットランド代表＆国内ラグビー事情

　登録選手数は6カ国対抗組で最少。イングランドの約7分の1で、未登録の愛好家も含めると、その差は約13倍に。

　当然、国内の有力クラブも限られ、ウェールズ編でも触れたPRO14に参加するエジンバラ・ラグビーとグラスゴー・ウォリアーズが2大クラブ。

　その一方で、実は両都市以上にラグビー熱が高いのが"ボーダーズ"と呼ばれる南部のイングランド"国境"エリアで、2017年からスコットランドを率いるグレガー・タウンゼンド監督（元同代表SO）など、多くの名選手を輩出。スコットランドのラグビー文化に触れたい場合は同地域に行くのがオススメ。

　1991、2003、2015、そして2019年と、W杯での日本との対戦が多い。

2015年W杯で日本の前に立ちはだかったスコットランドSHレイドロー主将。2019年は…

スコットランド
Scotland

　グレートブリテン北部約3分の1のエリア、さらに北部に位置する諸島群からなる。人口は約540万人で、イングランドの約10分の1。

　16世紀初頭までは独立王国だった歴史的背景もあり、英国からの独立運動も盛ん。2014年に行われた、スコットランド国民投票では約55％が独立に反対したが、混迷をみせるBrexitの影響もあり英国がEUから離脱した場合、スコットランドは独立国家としてEU内にとどまるべきとの意見が増えているという説も。

　日本の地域で言えば、気候だけではなく北海道と似た特徴を持つ（面積と人口はやや北海道が、経済力はややスコットランドが上）。

ジアムに隣接する室内スケート場の駐車場がメディアパーキングになっていて、試合の取材を終えて戻ってきたら、どう考えても自分が借りていた車を駐めていたはずの場所に妙な空間があって……そこにあったはずの車がない！

　レンタカーとはいえ、車を盗まれたのは、あとにも先にもあの1度だけ。

　そんな最悪の出来事があったら、その国の人たちのことは嫌いになりそうだけど…やっぱり憎めない。スコティッシュ。もちろん、警察を呼んでスコットランドヤード（じゃないか）のパトカーの中で事情聴取を受けたんだけど、ひと通り終わったら、警察官のひとりがおもむろに「ところで、どこが優勝すると思う？」だって（笑）。

　「う〜ん。スコットランド！」と答えて、警官たちから大爆笑を勝ち取りました！

Ireland
最強グリーン集団を導く"大国"の現実

時代が変わっても、女子も男子も熱いアイリッシュ魂は変わらない。観衆だって、このとおり…

第4章 | 神秘の伝統主義 欧州シックスネイションズ 105

4地域協会が育成＋プロチーム
シンプルな構造ゆえの快進撃

　初のラグビーW杯連覇を成し遂げたオールブラックス。

　2008年8月以来、世界ランキング1位の座を守り続けている、この絶対的世界王者に勝ち越しているチームが、存在する。

　それが、アイルランド代表。

　まてよ、オールブラックスは全ての対戦相手に勝ち越しているのでは？

　もちろんアイルランドも、両国間の通算成績だと、2勝28敗1分という圧倒的な負けっぷりとなるわけで、「勝ち越している」というのは、あくまでも2015年W杯から2019年W杯までの4年間での話。

　なんだ、大したことない？

　いやいや、相手はオールブラックスですよ。2016〜2018年の間に喫した黒星はたった4つ。そのうち2つをアイルランドがつけているわけで（あとは、豪州と南アが各1）、相当すごいでしょ。

　おまけに、その4年間の対ニュージーランド戦勝利数が、有史以来の勝利数と同じ。

　100年以上にわたって、どうあがいても勝てなかった相手に、2年間に2回も勝っちゃうなんて、アイルランド的にはいまの代表チームはどんだけ凄いんだよ、って話。間違いなく、史上最強——。

　P107のコラムで詳細に触れているとおり、スコットランドやウェールズと比較した場合、アイルランドは経済規模が圧倒的に大きい。しかも、その数字はあくまでもアイルランド共和国だけの話なので、ラグビーの場合は北アイルランドも含めてとなるから、規模はさらに拡大する。

　アイルランド代表の成功も、そうした本来持つポテンシャルがプロ化によって最大限引き出された結果だと結論づけても、的外れではない気がする。

　それを実感したのが、2017年の夏に行

Column
アイルランド代表＆国内ラグビー事情

　国としてはアイルランド共和国と、英国（北アイルランド）に分かれているのに、代表としては「アイルランド」が唯一のチームであり、一方でサッカーには北アイルランド代表が存在するため、複雑視されがちなアイルランドラグビー事情だが、実はいたってシンプルな構造になっている。

　アイルランド協会は地域ごとに4協会に分かれていて（プラスして海外のアイリッシュ系選手を統括する"エグザイルズ"も）、北アイルランド地域も含む地方協会であるUlsterもアイルランド協会に所属しているため、アイルランド代表にはUlsterの選手も含まれるということ。

　この4地方（Leinster、Munster、Ulster、Connacht）の代表チームはPro14と呼ばれる国際リーグ、および欧州リーグに参加。

　構造はシンプルだが、アイルランド共和国以外でのテストマッチでは"国歌"が流れないなど、複雑な成り立ちではある

われた女子W杯アイルランド大会時。

　実は、個人的には女子W杯は実に25年ぶりの取材だった。なぜなら、ジャパンも25年ぶりの出場だったので（苦笑）。

　もう全てが当時とは別世界。

　もちろん、男子のラグビーW杯とは比較にならないけど、それでも日本のトップリーグはもちろんサンウルブズの試合の平均観客数よりも多い1万7,000人以上の観衆が集まり、ダブリンでの試合会場となったUniversity College Dublinでは巨大な敷地を生かしたイベントも充実。

　会場が大学というあたりに、エリート養成という側面を持ってきたスポーツならではの矜持的なものを感じさせつつ、その一方で大学自体のビジネス化との相乗りによる大会運営など、新しい時代の国際大会としてはなかなか興味深かった。

アイルランド共和国
Republic of Ireland

　アイルランド島は大西洋北東部にあり、面積は8万4,412km²。そのうち南側の約6分の5がアイルランド共和国、残りの北側（Ulster地方の6州）が英国内の北アイルランド。アイルランド共和国の人口は500万人弱でスコットランドよりも少ないが、北アイルランドの200万人弱を加えるとホームネイションズの中ではイングランドに次ぐ人口となる。共和国だけのGDPもスコットランドの約1.5倍。

　かつては、カトリック系とプロテスタント系住民の対立で流血が絶えなかった"国境"付近も、現在はその名残を感じさせるものはほぼなくなっているが、英国のEUからの離脱によって、どのような変化が起きるのか……。

第4章　神秘の伝統主義　欧州シックスネイションズ　107

2011年8月、イタリア 北東部チェゼーナで行われたテストマッチには日本の福島県の子供たちが招待された

Italia
カルチョの国の楕円球熱は…

20年間で2万人→7万人
地道なクラブ活動で人気根付く

　ローマは1日にしてならず。

　という割には、1日目で成し遂げてしまうあたりがラテン系ゆえのここ一番での爆発力なのかな、と思ったりもする。

　2000年2月5日。ローマ・フラミニオ競技場。

　前世紀ギリギリのタイミングで長年懇願してきた5カ国対抗に加わることが認められ、胸を張って"6カ国"の一員として迎えた伝統の対抗戦初戦。

　地元にスコットランドを迎えたイタリアは、いきなり34-20で歴史的勝利をものにしてしまったのだ。

　でも、この歴史的一戦の目撃者は意外に少なくて、パリから駆けつけた日本人カメラマンも含めて、約2万人。

　当時のイタリアラグビーは収容3万人の中規模スタジアムが満員にならないほどのマイナースポーツに過ぎなかったのだ。

　で、約20年が経って、どれくらいメジャーになっているかというと、単純に観客人数でいうなら3倍以上。2018年にやはりローマで行われたスコットランド戦の観客動員数は千単位で四捨五入すれば7万人。

　サッカー同様、ローマが世界に誇るスタディオ・オリンピコ（約7万人収容）オリンピアコスでラグビーのテストマッチも行われるようになっている。

　ただ、ローマ周辺にも2000年の学生W杯取材時にお世話になったラクイラなどの名門クラブあるけど、イタリアで最もラグビーが盛んな地域といえば、たぶん一番はヴェネツィアのあるヴェネト州。

　ベネトン・ラグビー。

　日本以外では珍しい、企業名（創業家名でもあるが）がついたトレヴィゾ市にあるクラブは過去15回、イタリアリーグを制してきた名門中の名門クラブ。

　2002～2005年にイタリア代表監督も

Column
イタリア代表＆国内リーグ事情

　TOP12と呼ばれる1部リーグがその名の通り12チームによって行われる一方、ベネトンとゼブレ（パルマ）の強豪2チームは国際リーグPRO14に参加している。

　一時は世界8位まで世界ランキングを上げたことのあるイタリア代表だが、2015年W杯以降は低迷（2019年7月現在、世界14位）。2016年11月に南アフリカを破ったのが唯一の強豪国に対する白星で、6カ国対抗でも2016～2019年は全敗。6カ国対抗組の中では日本との対戦も多く、本文で触れた2度のイタリアでの対戦に加えて、2004、2006、2014、2018年の4度来日を果たしてもいる。通算成績はイタリアの6勝2敗。

過去4度の来日を果たしているイタリア代表。強力スクラムが武器だ

イタリア／カルチョの国の楕円球熱は…

務めたこともあるカーワン元日本代表HCが現役時代にプレーしたクラブでもあったため、2007年、2011年ともラグビーW杯前の直前合宿がトレヴィゾで行われたのだが、施設としては圧倒的だった。

　ラグビーグラウンドだけで6面、ゴルフコースがあったり、総合スポーツクラブでもあるため、バレーボール、バスケットボールなどインドア施設も充実している。

　イタリアはフランス、ウェールズと並んでユースカテゴリーなど、国際大会を多くオーガナイズしている印象だが、それが可能なのも、BTに代表される地域に根ざしたラグビークラブが存在しているから。

　ノブレス・オブリージュじゃないけど、こういう地道な普及活動の結果が、20年間で2万人→7万人（最多記録は8万人）の観客増につながっているのだと思う。

イタリア共和国
Repubblica Italiana

　古代から都市国家として栄えてきたイタリアがイタリア王国として統一されたのは19世紀。第2次世界大戦後に共和国となった。

　南ヨーロッパに位置し、人口は約6,000万人。地中海に長く伸びたブーツのようなかたちをした半島部分の他、サルディーニャ島、シチリア島などからなる。

　イタリアンフード、ファッション、スポーツカーなど、世界を魅了する一流品を生み出し、世界5位の観光客数を誇る（2017年）。GDPは推計約2兆円で世界8～9位程度。

第4章　｜　神秘の伝統主義　欧州シックスネイションズ　　111

Italia

トレヴィゾにあるベネトンのラグビー施設で遊ぶ少年たち。敷地内には6面のラグビーグラウンドがある

Italia
イタリア

第5章

独自の楕円文化熟成
裏ヨーロピアンツアー

ジョージア
ロシア
スペイン
ルーマニア

ラグビーの試合で発煙筒が焚かれるのにお目にかかったのは、トビリシでのみだが…

Georgia
ナショナルIDとしてのラグビー熱

テストマッチ観戦に来ていた地元のラグビー少年。ロシアに勝てるラグビー人気は高い

黒海＆コーカサス産大男たちの パワープレーとホスピタリティ

ワインをもらえたんだ。

入国審査でスタンプを押してもらった後、パスポート返してもらうのと一緒に。

たぶん、まだ80は超えてないはずで、おそらくは70台かなと。

これ何の数字かというと、今まで訪れた国の数。

まだまだ行ったことのない国の方が多いということで、断言はできないけど、たぶんここだけだと思う。入国審査と同時に、ワインくれるの。

ジョージアン・ホスピタリティ。

あくまでもジョージアだからね。グルジアでは×。

奇しくもこの本でジョージアの次に取り上げる国……のこと、ジョージア人は嫌いです。タクシーの運転手とかの会話でも、その国の悪口が一番盛り上がる。

だから、ラグビーのテストマッチでも対ロシア戦はすごいらしい。

らしい、って……ジョージアには、2012、2014、2016年と計3度訪れているけどロシア戦には行けてなく（02年には6万人が集まったという記録が残っている）、基本的にはジャパンとの試合のみ。

まあ、日本戦でもP114の写真のとおり、なかなか他の国では味わえない雰囲気が溢れていて……でも、大丈夫。ジョージアン・ホスピタリティですから！

本当に基本的にいい奴ばかりなので、怖くないってば。

ただ、怖くはないけど、熱いのは確か。

ジョージアは03年からW杯出場を続けていて、2015年には初戦でトンガを破る歴史的なパフォーマンスを見せたが、次の試合が日本対南アフリカ戦だったため、「誰も覚えていない」（ジョージア協会広報担当

ジョージア代表および国内ラグビー事情

"レロス"の愛称を持つジョージア代表は2003年豪州大会以来、ラグビーW杯出場を続けている。2019年7月時点で世界ランキングは6カ国対抗組のイタリアより上位の12位。主力の多くがフランスリーグでプレーしている。

ちなみに、日本代表は2006年を皮切りに、計6回テストマッチを戦い5勝1敗。トビリシでのアウェー戦が行われるミヘイル・メスヒ競技場はソ連時代のサッカーの英雄の名前が付けられている。ジャパンの練習会場として使われるAvchala、Shevardeniなどのスタジアムはジョージア1部リーグ所属チームのグラウンド。

2012年11月のトビリシでの日本戦のジョージア代表。スクラムに命を賭ける

者)という悲運も味わった。それでも、人口300万の小国が世界最高峰の舞台で戦えること、そして何よりもロシアに勝てるスポーツということで、人気爆発中。実際、日本戦もどんどん観客数が増えている。

1万5,000人(2012) → 2万人(2014) → 2万2,000人(2016)

トビリシのミヘイル・メスヒ競技場は客席がガラガラの時対策か、椅子がカラフルに塗られているんだけど、16年の時は観客席の約8割が埋まり、カラフルさはほとんどわからない事態に。

間違いなく、エディージャパンは毎年のようにジョージアと対戦を続けて鍛えられた面があったが、フィジカルコンタクトのない取材者としてはジョージア人のホスピタリティに癒されてばかりだった気がする。

ジョージア
Geogia

1991年にソビエト連邦から独立。黒海の東側に位置し背後にはコーカサス山脈を抱える。人口は約380万人で、首都トビリシに約3分の1が集中する。4世紀に建てられたと言われるナリカラ要塞など旧市街には数世紀を経た建物が残り、旧ソ連の中でも美しい街並みを誇っている。8000年の歴史を誇るワイン醸造は世界最古を主張している。通貨はラリ。

日本では、ロシア語から派生した「グルジア」が国名とされてきたが、ジョージア政府の強い要望により2015年から英語名に近い「ジョージア」が採用されることになった(現地語での国名は「サカルトヴェロ」)。

2013年RWCセブンズセレモニー。観客よりもパフォーマーの人数の方が多い？

Russia
2013年7人制W杯のリベンジは…

第5章 | 独自の楕円文化熟成　裏ヨーロピアンツアー

ガラガラの五輪スタジアムと
棚ぼた出場でも実力侮れず？

確かに、いま一番位置付けが難しい国際トーナメントではある気がする。

ラグビーワールドカップセブンズ（RWCセブンズ）。

米国編で触れている2018年版は成功したと言えると思うので、"最悪の状況"は乗り越えたのかもしれないが、では将来的な明確な展望が開けているかというと、少々疑問ではある。

アジア編で紹介したように、いまや男子年間10大会、女子同6大会のセブンズシリーズはすっかり定着。

それは、もちろん7人制ラグビーが五輪競技に採用されたからでもあり、完全なる7人制のプロであるトップ選手たちにとっては、4年に1度の世界最大のスポーツイベントこそ究極の目標になっているのだ。

ということで、W杯という最高ブランドの名前こそ付けられているものの、RWCセブンズに関しては、少々脇道に追いやられている感が……。

そうした現実が、少々の脇道レベルどころではなく、モスクワの地下鉄の深さぐらいに深刻であることを思い知らされたのが、2013年の第6回大会だった。

ガラガラ。

ロシア協会が頑張って、大きな競技場＝ルジニキ・スタジアム（＝7万8,011人収容の国立競技場。モスクワ五輪時のメインスタジアムでもある）を用意したのが逆にいけなかったのかもしれないが、2013年6月28～30日にモスクワで開催された7人制W杯のイメージとして最も多く世界に配信されたのは、ほとんど人がいない観客席の様子だったと思う。

その夏のモスクワが記録的な暑さであり、かつ最終日には、競技進行が中断されるほど激しい雷雨に見舞われたという天候

Russia

Column

ロシア代表および国内ラグビー事情

2019年ラグビーW杯欧州予選を兼ねた欧州選手権でロシアよりも上位となったルーマニアおよびスペインが代表資格のない選手を出場させたことにより制裁を受けたため日本行き切符を獲得。ロシアにとっては2011年以来2度目のW杯出場となった。

代表選手は、いずれもクラスノヤルスクのチームであるKrasny Yar、Yenisey – STMなど、プロフェッショナル・ラグビー・リーグと呼ばれるロシア1部リーグのチームに所属している選手が大多数を占めるが、PRヴァレリー・モロゾフ、LOアンドレイ・オストリコフなどイングランドでプレーする選手もいる。

2019年11月の日本戦ではフィジカルなプレーでジャパンを苦しめたロシア代表

ロシア／2013年7人制W杯のリベンジは…

的な不運を指摘する向きもあったが、たぶんそういうことじゃない。

ラグビー、まだまだ人気ないでしょ？

ま、ロシア国内リーグ（15人制）の強豪クラブがシベリア地区に固まっていたりするので、3,000km以上離れたモスクワには東部のラグビーマッド人たちが駆けつけられなかったのかもしれないけど。

ただし、競技力となると話は別。その2013年の大会で日本は男女ともにロシアに勝てず終い（男子＝1分1敗、女子＝1敗）で、その後も7人制の強化を続けている女子は2015〜2017年のドバイセブンズで3年連続3位以内になるなど、世界の強豪の一角を占めるようになっている。

東京五輪でのメダルを虎視眈々と狙っているのだ。

ロシア連邦
Russian Federation

ユーラシア大陸北部にある世界最大の面積を誇る連邦国。1991年のソ連崩壊により、ロシア連邦に移行した。首都はモスクワ。

総面積は約1,710万km²で日本の約45倍、2017年調査で人口は約1億4,680万人でこちらは世界9位。GDPは1兆2,807億米国ドル（2016年）で天然ガスなどの鉱業が主要産業のひとつ。

1999年に首相となったウラジミール・プーチン現大統領による長期政権が続いている。

ソ連時代1980年にモスクワ夏季五輪、2014年にソチ冬季五輪、2018年にはサッカー（FIFA）W杯を単独開催した。

第5章　独自の楕円文化熟成　裏ヨーロピアンツアー

2013年に日本戦が行われたCiudad Universitaria競技場での少年サポーター。うるささなら世界一?

Spain
知られざるラテン系楕円球熱

クラブ戦世界最多観客数記録も！
レフリー追い回すのはNGだけど

ラグビーのクラブチーム同士の対戦で史上最も多くの観客を集めた試合が行われた場所はどこでしょう。

このページでそんな問題を出しているということは……、そう正解。なんと、スペインです。いや、スペイン内の非スペイン地域というべきか。

2015-2016年シーズンのフランス1部リーグTOP 14の決勝戦は、ちょうどサッカーの欧州選手権（EURO2016）がフランスで開催されていたこともあり、バルセロナのカンプ・ノウで行われた。

この異国でのビッグゲームに集まった観衆の数、なんと9万9,124人！

通常のTOP 14の決勝戦は8万人収容のスタッド・ド・フランスで行われ、毎年フルハウスになるのだが、場所をバルセロナに移したら、さらに約2万人も観衆が増えてしまったというわけ。

さすがに2万席分がスペイン側で売れたわけではなかったようだが、8,000人の地元ファンが隣国のトップチーム同士のハイレベルな対戦を楽しんだようだ。

実は、国内リーグの試合でも3万人を超える観衆が集まったり、スペインでは意外にラグビー人気が高かったりする。

前述のとおり、スペインの中の非スペイン地域と言えるバルセロナのあるカタルーニャやバスクでは、同じ文化圏にあるフランス側に人気チーム（ペルピニャン、ビアリッツ、バイヨンヌ）があったりする影響もあり、元々ラグビー人気が高いエリア。

マドリッドでのラグビー熱も捨てたもんじゃないと感じさせられたのが、2013年のエディージャパンのスペイン遠征時。

この時は、大学の敷地内にある、地面を掘って深いところをグラウンドにして、周りにできる土手をそのままスタンド化した競技場でスペインと日本のテストマッチが行われたのだが、そんなのどかな場所に集まった地元ファンは約6,000人。

前年にブカレストで行われたルーマニア戦が約2000人だったことを考えても、かなりの数字。というか、施設上、それ以上入れるのは無理という感じでもあった。

しかも、ウルサイ、ウルサイ。

あれだけ、観客がうるさかったテストマッチもそうはないんじゃないかという記憶、というか残響が残っている。

Spain

Column

スペイン代表および国内ラグビー事情

　15人制のスペイン代表がラグビーW杯出場を果たしたのは1999年の第4回大会のみ。2019年大会に関しては、本文でも触れている通り、予選突破にあと1歩ところまで迫りながら、最終戦でベルギーに敗れ、さらに代表資格のない選手を出場させたことも発覚。20年ぶりのW杯出場は夢と消えた。

　一方、常に世界トップレベルで戦えているのが7人制。2019年時点で男子は年間成績12位、女子は同7位で、ワールドラグビーセブンズシリーズ全大会を回ることのできるコアチーム入りをキープしている。

　多くの代表選手が地理的に近いフランスリーグでプレーしている。

　Division de Honor de Rugbyという名の国内1部リーグには12チームが所属。2018-2019シーズンはヴァリャドリッドが優勝している。

7人制は男女ともワールドシリーズでコアチームをキープ

　そして、P124写真のように、試合が終わった後、観客たちがそのままグラウンドになだれ込んで大混乱。

　ちなみに、2019年W杯予選も兼ねた欧州選手権では。判定を不服とするスペイン代表選手たちが試合終了後にレフリーを追いかけ回して、最大で43週間の出場停止処分を受けた。

　ファンも選手も熱いスペインには是非とも日本に来てもらいたかったんだが……。

スペイン
Spain

　欧州南西部、西部を除くイベリア半島および周辺の島々などを領土とする立憲君主制国。東側はフランス、西側ポルトガルと接し、南側の地中海の向こうはアフリカ大陸。

　面積は約50万㎢で人口は約4,700万人。古代イベリア人、ケルト人などの先住民をローマ帝国やイスラム勢力が支配した時代を経て、16世紀には無敵艦隊を擁して世界中に植民地を増やしていった。20世紀にはフランコ将軍の独裁と長い内戦時代となり、バスク地方の分離独立を訴えるETAなどによるテロなども頻発。2017年にカタルーニャ州での住民投票で独立支持派が圧倒的な支持を集めた。

第5章　｜　独自の楕円文化熟成　裏ヨーロピアンツアー

2012年11月にブカレストで行われた日本戦の前にウォームアップするルーマニア代表。

Romania
日本行き切符失った東欧の古豪

民主化でラグビーは弱体化？
代表資格問題でW杯出場逃す

　近年はジョージアにお株を奪われてしまっている感はあるが、かつては間違いなく東欧におけるラグビー強国と言えば、ルーマニアだった。

　1980年にフランスに15-0で快勝し、アイルランドと引き分け。82年に再びフランスを破り、83年にウェールズに勝ち（88年にアウェー戦でも勝利）、84年にはスコットランドにも勝利。

　ラグビーがアマチュア時代の話だし、ルーマニアは社会主義体制でもあった。

　すべて招待チームだった第1回にも出場できたのは、鉄のカーテン（死語だな）の向こう側でしっかりとしたラグビー文化を築いてきた証拠。その1987年W杯に出場した選手が1989年に起きた革命の混乱の中、命を落とすなんていう凄い歴史を経ながらもW杯出場を続けてきたルーマニアだが、記録は2015年で途絶えることに。

　しかも、いったんは予選通過して、2019年大会出場を決めながら、代表資格のない選手を出場させていたことが発覚して──という大失態だった。

　前述の通り、革命前夜には6カ国対抗組を次々に破るなど、存在感を醸し出していたルーマニアラグビーだけに国内での人気も高く、実際、個人的に初のルーマニア行きだった1994年のルーマニア―ウェールズ戦は6万人収容のナショナル・スタジアムで行われたし、ルーマニアラグビーの地位の高さを感じさせたものだった。

　その後、なかなかルーマニア行きの機会には恵まれなかったのだが、2012、2014年と日本代表がルーマニア遠征を組んだこともあり、約20年ぶりに再訪するチャンスを得た。

　1994年当時は西欧への憧れという意味もあったのか、フランスのボランティア団

Romania

Column

ルーマニア代表および国内ラグビー事情

　第1回大会からW杯出場を続けてきたルーマニア代表だったが、2015年イングランド大会まででその連続出場は途切れることになった。本文でも触れたとおり、2019年ラグビーW杯欧州予選を兼ねた欧州選手権でルーマニア代表として出場したトンガ出身選手の出場資格が問題となり、ワールドラグビーの裁定によりペナルティが課され、欧州1位として出場権を得ていたルーマニアは出場権を剥奪されることになった。

　社会主義体制が崩壊した混乱は国内リーグにも波及。元々、CSA Steaua（軍）、Dynamo（警察）という典型的な東欧のスポーツクラブ組織でもあるブカレストの古豪チームが古くから国内リーグの2強でもあったが、国の民主化とラグビーのプロ化の時代も生き延びて、現在もSuperLigaと呼ばれる国内1部リーグのトップチームであり続けている。

ナショナル・ラグビー・スタジアムは現在改装中

体による古雑誌配布キャラバンにルーマニア人の若者たち列をなしていたのだが、20年後のブカレストは街中に普通にフランス風のカフェやイタリア料理店が並ぶお洒落な街に……。

　当然ラグビーまわりにも変化があり、ナショナル・スタジアムで行われていたテストマッチはラグビー協会所有の「ナショナル・ラグビー・スタジアム」に変更。

　もちろん、ラグビー専用のナショナル・スタジアムがあること自体すごいことかもしれないが、単純に観客収容人数は7,500人にダウンサイジング。

　いまでも、6カ国対抗組がブカレストを訪れるようなことがあれば、新装されたナショナル・スタジアムで試合が組まれるのかもしれないがティア2以下の国しかルーマニアを訪れないのが現状になっている。

ルーマニア
Romania

　黒海の西側に位置する共和国。北にウクライナ、南にブルガリア、西にハンガリーといった国と国境を接している。人口は約2,000万人。

　古くはローマ帝国支配下だった歴史もあり、ルーマニアの国名自体、「ローマ人の国」という意味だとされる。

　第2次世界大戦後、社会主義国家となり、ニコラエ・チャウシェスク大統領の独裁政治が続いたが、1989年に起きた民主化を求める東欧革命でも唯一と言える大規模な武力衝突の末に、同大統領は公開処刑されるなど、多くの犠牲者を出した末に共産党政権が崩壊。社会主義体制は終焉を迎えた。

　首都はブカレスト（人口約212万人）。2007年にEU加盟を果たしている。

第5章　独自の楕円文化熟成　裏ヨーロピアンツアー

Pick up 2019年W杯出場のアフリカ&南米の雄

Namibia ［ナミビア］
プレミアシップ最強FLも生み出した

アフリカ予選を勝ち抜き6大会連続でラグビーW杯出場を果たしているのがナミビア。

ただし、過去5大会で19試合を戦ってきているものの、まだW杯勝利はゲットできていない。

それでも、2015年のイングランド大会プール戦最終ゲームとなったジョージア戦では粘り強いDFを見せて最終スコアは16-17と、勝利まであと一歩のところまで欧州の大男たちを追い詰め、歴史的な勝ち点1（ボーナスポイント）を獲得した。

長年、イングランドの強豪クラブ、サラセンズでプレーし、「プレミアシップを代表するハードタックラー」との呼び声も高かった"Mr Namibia Rugby"のFLジャック・バーガー主将は、そのジョージア戦では顔面を強打し、前半10分で途中退場。そのまま代表チームから引退した。

つまり、ナミビアは絶対的な存在だったバーガーなしで歴史的勝ち点を挙げたわけで、新しい世代が育っていることの象徴でもあった？

2015年W杯時のナミビア代表。少年と肩を組んでいる選手が"英雄"FLバーガー主将（当時）

Uruguay ［ウルグアイ］
7人制でも世界トップへチャレンジ中

一方、南米の雄ウルグアイは過去3大会のW杯に出場（1999年、2003年、2015年）。ただし、W杯での勝利数だと、ナミビアを上回り、すでに2勝を挙げている（1999年の対スペインおよび2003年の対ジョージア）。

2015年W杯直前に来日して、日本代表と2試合のテストマッチを戦っているので、その時の激しいプレーぶりを覚えている方も少なくないかも。

代表メンバーの多くは立ち上がったばかりの北米MLR（米国編参照）でプレーしており、成長につながる場が増えている。また、ウルグアイ代表に関しては、個人的には7人制チームの方が毎年のように見る機会に恵まれていて……それは、香港セブンズ時にワールドシリーズと並行して行われるコアチーム入り予選大会で。

2018年には、同大会の準々決勝で日本と対戦して26-19という熱戦も演じていたり、そう遠くない日には世界の強豪国の一角として世界を転戦する日がくるかもしれない。

2018年4月のセブンズシリーズ・コアチーム昇格大会（香港）、日本戦でのウルグアイ

第6章
プロスポーツ本家のラグビー 北米最新事情

アメリカ合衆国
カナダ

2018年に7人制ラグビーW杯が行われたAT&Tパーク（当時）。快適なボールパークでの非日常感にラグビーの未来像が見えた？

United States of America
ラグビーイメージを覆すコマーシャリズム

ボールパークで大盛り上がり
未来型7人制フェスティバル

　間違いなく、実にアメリカらしい大会、いや恐らくはアメリカにしかできない大会だったと思う。

　2018年7月にサンフランシスコで行われた第7回7人制W杯。

　会場となったのは当時のAT&Tパーク（オラクル・パーク＝2019年7月現在）。

　エンターテインメント性も含めた機能性でもトップレベルの評価を受ける、サンフランシスコ・ジャイアンツの本拠地だ。

　当初の予定では、サンフランシスコから約80km離れたサンノゼにあるサッカー用スタジアム（Avaya）も会場になる予定だったが、ワールドラグビーの意向でAT&Tパークだけでの開催にしたのは、結果的には大正解だったと個人的には思う。

　Avaya Stadiumは2015年のパシフィック・ネーションズカップのカナダ−日本戦時に訪れたことあるが、ラグビーの試合をやっても全く違和感がない場所。

　それに比べてAT&Tパークは何から何まで違和感だらけ。違和感といっても悪い意味じゃなくて、むしろノリノリで非日常的な高揚感が続く感じ。

　それは、香港ともドバイとも、もちろんモスクワのテンションとも全く違う種類の空気感で、アメリカ西海岸のベースボールパークという、ラグビーという競技が長年培ってきた性質とは真逆な価値観がむき出しになったような場所だったからこそ生まれたスペシャル感だったのだと思う。

　野球用ボールパークなので球場全体が円形を描き、かつスタンドが高くそびえ立っているため、観客の大声援がグラウンド上の一ヶ所に向かって集中していく感じはいつものラグビースタジアムで体感するのとはやや違うコロシアム風である気がしたし、巨大なグローブやコカ・コーラのオブ

United States of America

Column

米国代表および国内ラグビー事情

15人制の米国代表は2019年7月現在世界ランキング15位。ラグビーW杯は1995年の第3回大会を除き、全てに出場。第1回（1987年）、第5回（2003年）の日本戦および第7回大会（2011年）のロシア戦で勝ち星を挙げている。W杯での2試合も含めて、日本とは2019年7月現在23回テストマッチを戦い13勝9敗1分。

本文で7人制W杯のことに触れているように、むしろ近年圧倒的な存在になってきているのが7人制代表。男女ともに2018-2019のワールドシリーズで総合2位と、東京五輪の有力なメダル候補。

2018年から15人制のプロリーグ「メジャー・リーグ・ラグビー」がスタート。2019年度は計9チームが参加。CBSなどのテレビ放映もあり、急速にプロスポーツとして成長していきそうな勢いだ。

7人制は男女ともに東京五輪での有力なメダル候補

ジェの下でフィジアンが飛び跳ね……真剣勝負なんだけど、何かのショーを見ている錯覚にさえ陥りそうだった。

セブンズラグビーの特性を考えた時、リラックスした雰囲気が漂い、球場内エンターテイメントも充実しているベースボールパークとの相性がいいという新たな発見ができたのが、AT&TパークでのRWCセブンズだった。

動画も上がっていたけど、短時間のうちにマウンドやホームベース周辺、そして内野の守備ゾーンなどの土の部分にロールになった芝を植え込み、ラグビーフィールドとして全く違和感のない状態にした、"米国版阪神園芸"とも言えるグラウンドキーパーの人のプロフェッショナルな仕事ぶりにも恐れ入りました。

アメリカ合衆国
United of America

北アメリカ大陸、カナダとメキシコに挟まれた中央部分および同大陸北西部のアラスカ、そして太平洋やカリブ海などの島々を含む連邦共和国。

ハワイ、ワシントンDCも含め、計50の州および連邦区からなる。

総面積は約9,628,000㎢、総人口は約3億3,000万人で、GDPは20兆を超える世界最大の経済大国でもある。

ネイティブ・アメリカンに加えて、16世紀から始まった欧州諸国からの入植者やアフリカ系住民に加えて、近年、中南米諸国からのヒスパニック系住民、アジア系住民も増えている。

広い国土のため、東海岸と西海岸では3時間の時差がある。

第6章 ｜ プロスポーツ本家のラグビー　北米最新事情

2016年6月のカナダー日本戦の時のBCプレイス。中央に天井吊型電光掲示板があるラグビー試合としては珍しい光景だった

Canada
遅ればせながらプロ化進行中

MLR参加チームも誕生
プロ化へ歩み始めた北米の雄

　2019年4月、カナダ初のプロラグビーチームが地元でのデビューを迎えた。

　トロント・アローズ。

　なんと、チケットはソールドアウトだったらしい。でも、会場のYork Alumni Stadiumの収容人数は約2,000人。

　ファンサイトにはチケットではなく、ビールの売り切れに対する文句が書いてあったのが、なんとも大らかな感じだが。

　「3,000缶じゃ足りない。6,000缶は用意しないと」。

　国技アイスホッケーでさえそうであるように、カナダのプロスポーツはいずれも米国との北米リーグを形成しないと、成り立たないのが現状だろう（カナディアン・フットボールというオリジアナルフットボールには国内プロリーグが存在する）。

　もちろん、2,000人でソールドアウトというレベルのマイナー感のラグビーだって当然同じ。

　トロント・アローズが参加したのは、米国編でも触れたメジャー・リーグ・ラグビー（MLR）。唯一のカナダフランチャイズだ。

　個人的には、2000年に平尾ジャパンの遠征時にもカナダ・トロントに行ったのだが、郊外の高原の中のスタジアムで試合したというくらいしか記憶がないので、ここでは2014年から3年連続してジャパンの遠征で訪れた時の話を。

　2014年と2016年は西海岸のバンクーバーに滞在したが、テストマッチの試合会場はその2年間で一気に変わった。

　2014年は、これぞカナダという感じの郊外の自然公園というか森の中のグラウンドで、メイン側にスタンドがあるだけの約6,000人収容のスタジアム。

　ところが、2016年には、バンクーバー五輪の開会式会場にもなった5万人収容のド

138

Canada

Column

カナダ代表および国内ラグビー事情

　本文でも触れたとおり、カナダ代表は1987年の第1回大会からラグビーW杯連続出場を続けているが、2019年の日本大会へは、最終予選で最後の1枠を掴み取って辛うじて出場権を獲得。トロント・アローズをはじめ、プロ選手が増えていることが代表チームにポジティブな影響を与えているのは確かだろう。

　リオ五輪で銅メダルを獲得した女子7人制代表は、2018-2019年シーズンの女子ワールドシリーズでも総合3位をキープするなど、2020年に控える東京五輪でもメダル候補になりそう。男子7人制は同シーズンのワールドシリーズで総合11位。

リオ五輪では銅メダルを獲得したカナダ女子。世界3強をキープしている

ーム型屋内スタジアム、BCプレイスでの対戦へとランクアップされることに。ただ、実際に足を運んだカナダのファンは約1万人。2階席は閉鎖されていた……。

　ラグビーW杯は第1回大会から連続出場を続けているカナダ。第2回大会で準々決勝に勝ち進むなど、北米では米国を一歩リードする立場にあるのが常だったが、2019年7月現在の世界ランキングでは米国が15位なのに対してカナダは21位と、一歩早くプロ化を進めている米国に遅れをとるようになっている。

　2019年のアメリカズ・ラグビー・チャンピオンシップ時のスコッドにはトロント・アローズなどプロ選手の数は25人。

　MLR参加初年度にして4強入りしてプレーオフに進んだアローズに続く、プロチームが出てくるのも時間の問題だろう。

カナダ
Canada

　北アメリカ大陸北部に位置し、北緯49度線など全長約9,000kmにわたって米国と国境を接している。英連邦加盟国であり、立憲君主制国家。総面積は約998万5,000km²で世界第2位の大きさを誇るが、人口は約3,724万人にとどまる。首都はオタワだが、最大の都市はトロントで約290万人。西海岸のバンクーバーの人口は郊外の都市圏も含めて約250万人と言われる。

　公用語は英語とフランス語。フランス語は主に東部のケベック州などで話されており、カナダ全体では約2割がフランス語を母語としている。

　冬の寒さが厳しいため1〜6月がシーズンのMLRではトロントのホームゲームは4月以降に集中させている。

カナダ／遅ればせながらプロ化進行中

第6章 ｜ プロスポーツ本家のラグビー　北米最新事情

JAPAN (Hanazono)

Final Whistle Image

あとがき

　何のために撮るのか。

　これは、写真を撮る人間、特にそれを職業としている人間にとっては、時々つきつけられる大きな命題です。

　実際、ラグビーファンなら誰もが知っている有名選手の写真を撮ろうとした時、「なんのためですか？」と、訊かれたこともあります。

　今回、埋もれていた写真を世に出すこういう機会に巡り合って、いつからか分類するのを諦めていた膨大な古いポジ写真の山の中や、起動するか不安だった旧型HDD、1大会分だけで100枚近くの枚数に膨れ上がる場合もあった無数に存在しているCD-RやDVD-Rストックの中から奇跡的に掘り出せた写真を眺めて思ったのは、全部、純粋に撮りたくてシャッターを押したものばかりだなということ。

　自分のいまのメインジョブはラグビーを撮ることです。

　それは仕事でもありますが、やりたくてやっていることだし、基本的には撮りたくて撮っているわけです。

　とはいえ、完全にすべてが心から撮りたいものばかりかというと、そうは言い切れない現実が目の前にあるのも確かです。

　でも、フィジーで草ラグビーに突っ込んで行ったり、サモアで少年たちと戯れたり、イングランドのスクールラグビーの練習に事情を説明して近づかせてもらったり、香港で黄金の液体を浴びてもいい覚悟で迫ったりしながらファインダーに収めた写真は100％撮りたくて撮っているもの。純度は火傷するくらい高いはず。と、少しだけ自負してもいます。

ラグビーの魅力＝人間の魅力です。当たり前ですが。

地球の果てまで追いかけて行って、神秘の中身に少しだけ足を突っ込んでみて確認できたのは、楕円球の周りには実に魅力的な人間が溢れているということ。

不思議なことにラグビーを追いかけての取材では、直接的に「それは犯罪だろ」というような行為をされた記憶はありません（マレーフィールドで車は盗まれましたが、ラグビー好きの仕業ではないでしょ！）。

いろんなトラブルに巻き込まれても、必ず救ってくれる人がいたし、人間の善良な面に向き合える場面が多かった。だから、飽きもせずに楕円球を追いかけているのだと思うし、伝えたかったのは、たぶんそのこと。

計6章にわたって、この本で見てもらった写真群は計24カ国の渡航先で撮ったものです。

ただし、「まえがき」で書いたとおり、秩父宮ラグビー場も花園ラグビー場も子どもの頃の自分には神秘の場所でした。

なので、この本の最初（キックオフ）と最後（ファイナルホイッスル）のイメージだけは、子どもの頃、神秘を感じていた日本のラグビー専門スタジアムで撮ったものにさせてもらいました。

計25カ国で触れ合った楕円球狂たちに心からの感謝を捧げます。

出村　謙知